中華譯學館 · 中华翻译家研究文库

许钧 / 总主编

查良铮翻译研究

王宏印 著

商务印书馆
创于1897 The Commercial Press

图书在版编目(CIP)数据

查良铮翻译研究/王宏印著. —北京:商务印书馆,2024
(中华译学馆·中华翻译家研究文库)
ISBN 978-7-100-23894-6

Ⅰ.①查… Ⅱ.①王… Ⅲ.①穆旦(1918-1977)—翻译—研究 Ⅳ.①H059

中国国家版本馆 CIP 数据核字(2024)第 082706 号

查良铮翻译研究
王宏印 著

商务印书馆出版
(北京王府井大街36号 邮政编码100710)
商务印书馆发行
三河市春园印刷有限公司印刷
ISBN 978-7-100-23894-6

2024年6月第1版 开本 880×1230 1/32
2024年6月第1次印刷 印张 7⅜

定价:58.00元

中华译学馆·中华翻译家研究文库
总序

纵观各国的文明与文化发展史，一代又一代的优秀翻译家为延续民族文化血脉、推进不同文化之间的交流与融合做出了不可磨灭的贡献。如果没有翻译这一桥梁，没有翻译家的努力，世界文明不可能如此绚丽多姿，各民族的文化也不会如此丰富多彩。中华翻译家在中华文化传承、中西文化交流中起到了举足轻重的作用。"中华文化之所以能长葆青春，万应灵药就是翻译"，著名学者季羡林如是说。在古代的佛经翻译、明清时期的西学翻译、"五四"时期的外国文学翻译以及当代的文学、社科翻译等领域，一个个翻译家的名字熠熠闪光，如鸠摩罗什、玄奘、徐光启、严复、林纾、鲁迅、朱生豪、傅雷、杨宪益等。这些翻译家为中华文明的延续与发展、中外文化的交流与互鉴，树立了一座座精神丰碑。

在 2001 年 10 月 8 日北京大学世界文学研究所成立大会上，莫言发表了一次很有影响的演讲，题目叫《翻译家功德无量》。他在演讲中强调："翻译家对文学的影响是巨大的，如果没有翻译家，世界文学这个概念就是一句空话。只有通过翻译家的创造性劳动，文学的世界性才得以实现。没有翻译家的劳动，托尔斯泰的书就只能是俄国人的书；没有翻译家的劳动，巴尔扎克也就是法国的巴尔扎克；同样，如果没有翻译家的劳动，福克纳也就是英语国家的福克纳，加西亚·马尔克斯也就是西班牙语国家的加西亚·马尔克斯。同样，如果没有翻译家的劳动，中国的文学作品也不可能被西方读者阅读。如果没有翻译家，世界范围内的文学交流也就不存在。如果没有世界范围内的文学交流，世界文学肯定没有今天这样的丰富多彩。”莫言从民族文学和世界文学的关系角度强调了翻译家的重要性，文学翻译家在世界文学的形成与发展以及人类精神世界的丰富与拓展方面做出了杰出贡献，文学翻译也一直是学界关注和研究的焦点。另外，我们也不能忽略翻译家在佛经翻译、中国典籍翻译、哲学翻译、法律翻译、科技翻译、外交事务翻译等其他领域做出的历史贡献，这些领域与中华文明发展、中外交流都具有密切关系，也需要特别予以重视。

从历时与整体而言，中华翻译家的重要性主要体现在中国文化的丰富与传承上，翻译的方向主要为“引进来”的外译中；从共时与当下而言，中华翻译家的重要性主要体现在中外文化的交流交融与互学互鉴上，翻译方向包括“引进来”的外译中以及“走出去”的中译外。在中国文学与文化“走出去”的国家战略背景下，中译外方面的翻译家需要格外关注，他们当中既有为翻译界树立了光辉榜样的辜鸿铭、林语堂、杨宪益、许渊冲等国内知名译家，也有理雅各、韦利、翟理斯、霍克思、葛浩文、杜特莱、顾彬、陈安娜等国外著名汉学家。对他们展开多角度的研究，可以为中国文学与文化更好地“走出去”提供借鉴。但翻译家研究不能止于翻译方法、翻译艺术的讨论，而应根据相关一手和权威资料，深刻把握翻译家的历史贡献，并从翻译立场、选择与追求等层面对其精神世界进行深入探索。唯有如此，才能把翻译家研究做得更为扎实。一部中国翻译史，可以说是一代代优秀翻译家的翻译活动史，但从根本而言，也是中华文明的发展史，中外文化的交流史。

在中国翻译历史上，不少翻译家往往也是翻译思想家，他们的翻译作品、翻译观念以及精神追求对后人影响尤深。中华翻译家研究不仅是向一个个伟大译家的致敬，也不仅是对翻译学科发展的推动，更是对世界文明交流互鉴之路的拓展。二十多年前，我曾在《译林》杂志社的支持下，就文学翻译的一些基本问题，以对谈的方式，有针对性地与国内翻译界卓有成就的翻译大家进行探讨，先后参加对谈的有季羡林、萧乾、叶君健、陈原、草婴、方平、屠岸、江枫、李芒、赵瑞蕻、施康强、许渊冲、李文俊、文洁若、杨苡、罗新璋、杨武能、郭宏安等，这些著名的翻译家中已有十余位永远离开了我们，他们给我们留下了丰富的翻译经验、珍贵的历史资料，更留下了闪光的精神遗产。2016 年上海外语教育出版社出版了方梦之和庄智象主编的《中国翻译家研究》（三卷本），遴选中国历史上各个领域中有代表性的 93 位翻译家，以个案研究的形式，系统梳理了中国历代有代表性的翻译家的译学思想和译事经验。这三卷书是目前国内翻译家研究最为全面和系统的著述。由于体例和容量限制，各位翻译家的研究还留有空间，很多翻译家的译本、译事和译论还有待深入挖掘。鉴于此，浙江大学中华译学馆联合商务印书馆组织策划了“中华译学馆 · 中华翻译家研究文库”，旨在深入、系统地呈现中国翻译家的翻译成就、翻译艺术、翻译思想与精神世界。文库的主要特点有三：一是系统研究所遴选的翻译家的翻译实践、翻译思想，对之进行阐发和评价，追求学术性；二是围绕翻译家个案，注重一手史料的钩沉，全面系统地研究每一个被遴选的翻译家，体现历史性；三是史论结合，拓展研究视野，丰富研究途径，彰显研究的创新性和跨学科性。文库力图展现中华翻译家的群体形象与他们的历史贡献,丰富和深化中国翻译史研究,致力于继承与发扬历代著名翻译家的“翻译精神”,激励新时代年轻学人投身于崇高的翻译与翻译研究事业。

许钧

于黄埔花园

2020年6月12日

最先听到的是翻译家查良铮这个名字，后来知道他写诗笔名穆旦。五十年代的大陆少年，凡如我那样喜欢做浪漫梦者，手里必然有一本《普希金抒情诗选》。查良铮这个名字，也沾上罗曼蒂克气息，那种少年型肺结核病者特有的，萎靡却甜蜜的柔情。

——赵毅衡《穆旦：下过地狱的诗人》

目　　录

绪言 …………………………………………………………… 1

第一章　俄罗斯在召唤 …………………………………… 9

第一节　从翻译《文学原理》开始 ……………………… 9

一、关于查良铮学习俄语和准备俄语翻译的追溯 ……………… 10

二、翻译《文学原理》与当时国内文艺学三部著作的评论 …… 14

三、《别林斯基论文学》：寻求一种编译的方式 ……………… 22

第二节　学会沉默：《丘特切夫诗选》…………………… 30

第三节　像普希金钟情《奥涅金》……………………… 41

一、普希金抒情诗的翻译与修改 ……………………………… 44

二、《献辞》与长篇叙事诗的翻译原则 ………………………… 52

三、多方重现《奥涅金》精神 ………………………………… 55

四、不断逼近“奥涅金诗节” ………………………………… 66

第二章　随拜伦漫游：回到浪漫派……………………… 77

第一节　英诗翻译：浪漫主义风潮再起………………… 79

一、雪莱：当西风漫卷的时候 ………………………………… 80

二、在济慈的艺术之瓮上精雕细刻 …………………………… 87

第二节　哀希腊：“忧患意识”的回响………………… 94

第三节　不朽的丰碑：《唐璜》的译竟 ………………… 118

一、“不让我工作，就等于让我死” ………………………… 119

二、“千万端机缘和你的火凝成”…………………………… 123
三、《唐璜》:“中国译诗艺术走向成熟的标志”…………… 128
第三章　现代派译诗先驱…………………………………… 138
第一节　现代派诗歌:从头谈起 ………………………… 138
第二节　叶芝:我们知道了他的梦 ……………………… 145
第三节　艾略特:《情歌》与《荒原》 ……………………… 151
第四节　奥登的诗:让历史作我的裁判 ………………… 167
第四章　诗歌自译与双语写作……………………………… 187
第一节　诗歌自译、创作与修改 ………………………… 187
第二节　灰色地带:可能的双语写作 …………………… 197
附录………………………………………………………… 212
一、查良铮生平年谱 ……………………………………… 212
二、查良铮著译编目 ……………………………………… 220

主要参考书目……………………………………………… 224

绪　言

查良铮（1918—1977），生于天津，祖籍浙江海宁，清朝学士查慎行后裔，以笔名穆旦行于世，是“九叶诗派”诗人之一，也是著名的翻译家。查良铮少年早慧，在南开中学时期就开始写诗著文，后入清华大学英文系学习，抗战爆发后至西南联大外文系，受教于燕卜荪等诗歌名家，系统接触西方现代派诗歌，二十世纪四十年代即为著名的现代主义诗人，自己出版了《探险队》（1945）、《穆旦诗集（1939—1945）》（1947）、《旗》（1948）等三部诗集，其诗风深受叶芝、艾略特、奥登等现代派诗人的影响。1940 年毕业后留校任教。1942 年，在抗日战争的关键时刻，他抛却书斋生活的安宁，毅然参加中国远征军，任随军翻译，出征缅甸，效命疆场，经历九死一生。归国后，四处颠沛，到东北办报，揭露官场黑暗，针砭时事弊端，企图以新闻救国。1949 年赴美国芝加哥大学攻读俄语和英语文学，1953 年放弃国外优越的生活条件和体面的工作机会，毅然归国，立志报效新社会。回国后在南开大学外文系任教，后由于莫须有的“历史问题”，受到不公正待遇，遂由诗歌创作逐渐转向英语、俄语诗歌翻译，译介了大量浪漫派诗歌与部分现代派诗歌。2005 年，人民文学出版社出版了八卷本《穆旦译文集》，2006 年又出版了两卷本《穆旦诗文集》，基本上收录了他的全部译诗、大部分诗作，以及评论和书信、日记。

纵观诗人翻译家查良铮的一生，是勤奋学习、努力工作、拼命挣扎、不断超越的一生，也是经受苦难、体验苦难、描写苦难和反映苦难的一生。他的创作和翻译，不是在平静的书桌上进行的，而是在生活里孕育，在战场上淬火，在智慧中磨炼，在激情伴随下成形的辉煌的人生诗篇。他不仅是中国现代诗派"九叶诗派"的代表，被誉为"20 世纪桂冠诗人"，也是从事英、俄两种语言翻译的著名诗歌翻译家。他半生从事英语和俄语翻译，还有自己诗歌的自译。他的诗歌创作与翻译研究，已经形成一个专门的领域和重大的研究课题。

本书对查良铮翻译活动的研究，并不是很注重诗歌翻译技巧，而是更为注重其社会背景和翻译文学史意义，以适应新的研究兴趣和读者的阅读需求；添加了原先未能包括的穆旦诗歌自译的内容，因为这是近年来诗歌翻译的热点；最为重要的是，在穆旦英语诗和汉语诗创作与翻译的交互关系中，深入探求其诗歌创作与翻译的关系。

关于查良铮的诗歌翻译活动，有三个话题需要交代一下。

第一个十分重要的话题，便是查良铮的诗歌翻译，从主题、活动和诗学意义上，继承了"五四"以来中华民族救亡图存的伟大使命。特别是拜伦诗歌《唐璜》中《哀希腊》这一首诗歌的翻译，在中国翻译文学的历史上，集中体现了一代翻译家的远见卓识，并以其独特的贡献，接续了一条丰富而痛苦的现代翻译文学链条。廖七一教授这样总结这一传统：

> 经过几代学人的译介和构建，拜伦连同他的《哀希腊》在本土化的过程中，其影响早已超越了文学的范畴而融入近代民族精神的建构，成为民族的集体意识和符号象征。《哀希

> 腊》的翻译，从梁启超到查良铮，从来就没有试图用“率直的真实代替象征性真实”。一百多年以来，《哀希腊》在中国的译介更多的是“直觉观念的表达”，是一种“(情感)参与的工具”，是中国历史语境中翻译家对公共叙述的表征和建构。可以确信，在民族救亡、民族复兴或个人意志遭到漠视的关键时刻，总会有人重新翻译《哀希腊》，《哀希腊》也总能给国人带来希望、信心和勇气。①

当然，查良铮的诗歌翻译，主要集中在浪漫派诗歌的翻译上，而且集中在俄语和英语诗歌(主要是英国诗歌)的主要成就上，但就其翻译本身而言，则呈现出新的时代的面貌和明显的个人风格。与港台和海外诸多诗人翻译家相比，查良铮的语言清新、自然、硬朗、有表现力和弹性，可谓中国新一代文学语言的代表。这也是需要说明的。但我们必须明白，查良铮所处的时代是一个翻译的时代，而文学翻译在那个年代，却是一个纯粹的个人的业余行为，甚至是干私活，因而许多问题，都要回到那个特殊的年代才能理解：

> 查良铮所处的时代，是一个翻译的时代。而查良铮自己，由于天分、努力和机遇，当然，还有和那个时代格格不入的望族出身和他热情而倔强的个性，使他成为那个时代文学翻译特别是诗歌翻译的佼佼者，取得了令人赞叹的成就。解放以来，经过了“文化大革命”一直到改革开放初期，许多事业百废待兴。中国的文学翻译，基本上是在一个没有和国际

① 廖七一：《中国近代翻译思想的嬗变》，南开大学出版社，2010 年，第 304—305 页。

接轨，也没有严格组织的条件下自发地进行的。换言之，这是一个对翻译版权要求不严格的时代，许多译作打上"内部参考"的字样，就可以秘密地或公开地发行和销售。这也许是查良铮一代翻译家的大幸。另一方面，由于各种政治运动频繁，自由创作受到限制，特别是历史与现行的各种问题和罪名的罗织，迫使一部分有创作能力的作家转而从事翻译事业，在翻译领域做出了重要的贡献。对于查良铮来说，翻译事业几乎是他后半生个人全身心投入的事业和个体生命的全部意义。假若没有诗歌的翻译日夜陪伴着他，很难想象他还有活下去的希望。事实上，有些诗歌的翻译过程，是在连家人也不知情的情况下秘密地进行和完成的。以至于直至翻译家去世以后，出版社寄来稿费，家人才得知又有一部诗作的翻译问世。①

第二，诗歌翻译的工作状态，以及与之有关的诗歌翻译本身，使我们认识到，查良铮的诗歌翻译，暂且以普希金诗歌的翻译为例，同样居于文化诗学前沿的意义。这里涉及一个靠近中国问题的话题，那就是中国近世知识分子觉醒与俄罗斯知识分子优秀传统的复杂的家族相似关系。毫无疑问，俄罗斯的知识分子和中国知识分子所面临的命运有相似之点，那就是在历史上都有反抗暴政和黑暗、追求自由与解放的天性和天职。时至今日，每每赏读查良铮译的普希金抒情诗，例如《自由颂》《假如生活欺骗了你》，我们时时能感受到诗中跳跃的激情与灵性。虽然翻译科学至今

① 王宏印：《不屈的诗魂，不朽的译笔——纪念诗人翻译家查良铮逝世三十周年》，载《中国翻译》2007年第4期。

还无法使我们全部洞悉诗歌翻译隐秘的过程，但我们相信，译诗需要非凡的语言天赋。当然，还不止此。查良铮的诗人气质，开阔的视野、深厚的艺术素养，对诗歌语言的悟性，使翻译家能深入诗的世界，透彻理解原诗的内涵，表达得充分且富有诗意，让源自普希金的非凡的才华充分表露，让俄语诗歌在汉语的精彩体现中获得第二次生命。

> 于是思潮在脑中大胆地波动，
> 轻快的韵律驾着它的波涛跑开；
> 啊，手忙着去就笔，笔忙着去就纸，
> 一刹那间——诗章已滔滔地流出来。

这是《秋》中的一节。诗中思绪、韵律、手和笔、笔和纸，一直到诗如泉涌，环环相扣，一气呵成，生动地展现了诗人的创作过程。我们设想，在查良铮的翻译中，一定也会出现类似的情况，出现思绪奔涌、难以遏止的激动人心的瞬间，那就是翻译过程中的"高峰体验"。这一首诗及其译文，不仅让我们窥见诗人的创作状态，也让我们大胆地猜想，翻译中也会出现类似的状态。对于视诗歌为生命的诗人翻译家及其传记作者而言，这一经验也许是十分宝贵的。

查良铮翻译俄罗斯诗歌是在 20 世纪 50、60 年代，后来他一直在不断地修改和增添。到了 1976 年，当他已经持续了多年艰苦的努力，终于完成了《唐璜》的翻译后，又转过头来，拖着伤病之躯，集中修改普希金抒情诗的译稿。1976 年 4 月到 6 月，查良铮在给朋友的信中几次写到修改普希金抒情诗的情况。这便是他的主要翻译历程。

第三，诗人改变翻译，翻译也改变诗人。在翻译的过程中，查良铮变成了普希金、丘特切夫、拜伦、雪莱、济慈、艾略特、奥登、叶芝……尤其是晚年，翻译现代诗不仅使诗人穆旦离开浪漫派的惯性，回到了现代派的阵营，而且对于翻译家查良铮来说，既是一种才能和人格的考验，又需要面对现实的新的勇气。在某种意义上来说，天才的诗人，或者翻译家，选择了介入与隐逸的双重策略：慎独，中国儒家的入世精神，和现代派诗人的处世哲学，在他身上融合为一体了。

对于有些人来说，翻译是创作的失败，或者说，对于其他人，翻译是创作的剥夺。对于查良铮来说，不可能是前者，因为在他的大规模高质量的翻译之前和之后，都有过不少极为成功的创作。我们因此不得不说，对于查良铮，翻译是创作权利被剥夺的产物。在翻译作品的发表都成为困难的年代里，我们甚至可以说，翻译，不仅造就了翻译家查良铮，更拯救了诗人穆旦。因为翻译，在诗人无所作为的时代，可以作为创作的替代，而成为写诗事业存在的一种方式和诗人人生信念的一种寄托。

一个诗人，当他被剥夺了发表诗歌的权利以后，他是否还可能以另一种方式存活，这是一个严重的问题。在理论上，几乎是不能回答的，因为我们相信，诗人只有在他写诗、读诗和讨论诗歌的时候，才能像一个诗人一样地存活。然而，诗人翻译家查良铮却以他的心血劳作和毕生的努力，证明了诗人是可以靠另一种劳作而存活的，而且活得有意义，有成就。

这就是诗歌翻译。

诗人翻译家，因而是另一种意义上的诗人。而诗人穆旦，不，翻译家查良铮，是能用英语和俄语两种语言进行翻译的人。他的翻译活动，甚至开始于解放前的学生时代。观其一生，则可以说他的诗歌翻译与诗歌创作相伴始终。

查良铮的诗歌翻译活动，主要分为浪漫派译诗和现代派译诗，均取得了不菲的成就。浪漫派诗歌翻译又分俄语和英语。俄语以普希金为主，突出作品《欧根·奥涅金》及“奥涅金诗节”的翻译问题，兼顾丘特切夫诗歌翻译；而《文学原理》的翻译，重在说明我国文艺学建立初期的理论准备与学术争论。英语诗歌以拜伦的《唐璜》为主（其中的《哀希腊》使其与中国现代诗歌翻译传统、救亡图存情结以及新诗诞生结成纽带），兼顾雪莱、济慈等诗人的翻译及评论。现代派诗歌的翻译则兼顾爱尔兰的叶芝，以艾略特的《荒原》为主题，旁及奥登的诗歌创作与翻译，重在探讨新诗翻译规范的建立问题。

大体而言，本书把查译文学活动分为五个阶段：

第一阶段（1953—1958 年），俄语诗歌和文论翻译阶段。这一时期，查良铮集中翻译了俄国诗歌作品，主要是普希金和丘特切夫的诗歌和苏联文艺理论，后者包括季摩菲耶夫的《文学概论》《文学发展过程》以及《怎样分析文学作品》。

第二阶段（1955—1958 年），英语浪漫派诗歌翻译阶段，从 1955 年获得萧珊所寄赠的《拜伦全集》开始。由于当时英国文学史的编写倾向，查良铮翻译的主要是英国积极主义浪漫派的诗歌，特别是拜伦、雪莱、济慈的诗作。

第三阶段（1962—1973 年），翻译完成拜伦政治讽刺诗巨著《唐璜》。这一阶段，以《唐璜》的翻译为其代表作，实际上开始于 1962 年，即解除管制在图书馆留用为一般职员时，到 1965 年初译完成，之后经过 1966 年的抄家，而结束于 1973 年《唐璜》的修改定稿。

第四阶段（1973—1975 年），英语现代派诗歌翻译阶段，包括奥登、艾略特、叶芝等人的诗作的翻译。英语现代派诗歌的翻译活动大体开始于《唐璜》的翻译定稿完成以后，即开始于 1973 年，所以英语现代派诗歌的翻译开始得要晚一些，但结束反而早一点，完成于1975年底。

第五阶段(1975—1977年)，旧译修改。所谓旧译修改，包括俄语和英语诗歌的原译修订和扩充，这一活动开始于英语现代诗翻译的结束，一直继续到诗人翻译家生命终了的1977年。

第一章 俄罗斯在召唤

不难理解，在 20 世纪 50 年代归国之初，为了适应当时文学发展的需要，甚至抱有一种向新时代和新中国“献礼”的动机，查良铮集中大量时间翻译了一系列俄语文学理论著作和俄语诗歌，构成他异常辉煌的翻译文学活动的开端。这一阶段取得的辉煌成就可以从以下发表的翻译作品中看到(其中大部分是当时就发表了，而有些则等到诗人去世之后才得以发表)：(1)普希金诗集 7 种：《青铜骑士》(平明出版社，1954)、《波尔塔瓦》(平明出版社，1954)、《加甫利颂》(平明出版社，1955)、《普希金抒情诗集》(新文艺出版社，1957)、《普希金抒情诗二集》(新文艺出版社，1957，“文革”中重新修订后更名为《普希金抒情诗集》，上下册，上海译文出版社)、《欧根·奥涅金》(新文艺出版社，1957)、《高加索的俘虏》(新文艺出版社，1958)。(2)文艺理论译著 2 种：《文学原理》(平明出版社，1955)、《别林斯基论文学》(新文艺出版社，1958)。此外，还有译著《丘特切夫诗选》(外国文学出版社，1985)。

第一节 从翻译《文学原理》开始

众所周知，中国现代对于俄罗斯文学作品的翻译介绍，开始得比较早，大约在“五四”勃发的新文化运动时期就已开始，而对于苏联文艺理论的翻译介绍，特别是当作教科书在国内广泛使用，则应当说在解放以后。在这个意义上，查良铮翻译介绍《文学原理》和《别林斯基论文学》等苏联文学理论著作，开始于他于1953年回国之初，我们说他属于这一领域的先驱者，并不为过。

一、关于查良铮学习俄语和准备俄语翻译的追溯

大家知道，查良铮的翻译活动开始于20世纪50年代初回国以后，但人们很少知道，他在美国留学期间就开始准备翻译俄苏文艺理论和普希金诗歌了。既然如此，查良铮学习俄语，就应当有一个更早的“隐伏”时期。那么，查良铮是从什么时候开始学习俄语，怎样学习俄语和钻研俄罗斯文学的呢？

周珏良先生在《穆旦的诗和译诗》一文中这样写道：

> 穆旦诗译得好，不止因为他的诗才，而也因为他对所译的诗作品，英文的和俄文的都有很深的了解。他一直是学英国文学的，这不用说了，他的俄文功底也很深，在西南联大时他的启蒙老师是著名的俄文专家刘泽荣老先生，大学毕业后一直继续搞，在美国芝加哥大学又选读了俄国文学的课程，所以在俄国文学上他也是有专门知识的。唯其有这么深的研究基础，加上他的诗才，有这种理想的结合，才会产生那些杰出的译本。①

其实，查良铮学习俄语，比周珏良先生所说的时间还要早，他

① 周珏良：《穆旦的诗和译诗》，载《一个民族已经起来——怀念诗人翻译家穆旦》，江苏人民出版社，1987年，第28页。

的俄语启蒙老师，也并非刘泽荣，而是曾经在北京大学历史系任教的俄罗斯人伊万·伊万诺维奇·噶巴诺维奇。这位俄语教授俄语水平自不待言，而且英文也很好，还会说汉语。1937 年，他跟随北京大学师生一道南迁，由北京到长沙，再由长沙到云南蒙自，以后又从蒙自转到昆明的西南联大。

曾任教于南京大学的赵瑞蕻先生，是查良铮在西南联大时的校友，他写的回忆文章中记述了穆旦靠背诵英汉词典刻苦学习英语的事迹：

> 在南岳和蒙自，他为了进一步学好英语，居然把一部开明书店出版的《英汉模范字典》从头到尾，从 A 字部到 Z 字部，连单词例句，反复熟读了几遍。这看起来，似乎有点傻，但他告诉我，得益大，有味儿得很，可以温故而知新，也劝我试一试。①

正是在这篇文章中，赵瑞蕻回忆了穆旦早在云南蒙自时就开始学习俄语的情况，而且交代了他的俄语启蒙老师。这是一则值得注意的消息：

> 穆旦还开始学习俄文，是跟历史系一位俄国教授葛邦福(Gapanovitch)先生学，学得那么认真，我时常看见穆旦在海关大院一个教室里和葛邦福先生坐在一起学习；有时看见他跟老师沿着南湖边走边说话。他俄文的基础是在蒙自打起的，这就是为日后他那么出色地翻译普希金作品等准备了最

① 赵瑞蕻：《南岳山中，蒙自湖畔——记穆旦，并忆西南联大》，载《丰富和丰富的痛苦》，北京师范大学出版社，1997 年，第 179 页。

初良好的条件。有人说穆旦的俄语老师是刘泽荣先生，那是到了昆明以后的事。①

从名字发音的相近来看，这位“葛邦福先生”就是“噶巴诺维奇”。因此，用不着太多引述就可以明白，翻译家查良铮是有相当雄厚的俄语和英语基础的。这样也就避免了一种误解，即由于他有大量的俄罗斯诗歌和理论著作的翻译，有的人甚至猜想他是从英语转译过来的。不仅如此，在翻译的数量和影响上，查良铮译自俄语的作品和译自英语的作品旗鼓相当，而在翻译的先后次序上，他的俄语翻译显然要早于英语翻译。至于为什么原本学习英语的查良铮要学习俄语并进行俄语翻译，那就要了解他由海外归来时的国内外形势以及对他产生重大影响的人物。

事情是这样的。大陆解放初期，新中国在曾经支持蒋介石打内战的美帝国主义和支持中国打日本的社会主义国家苏联“老大哥”之间，采取了“一边倒”的外交政策。这样就造成20世纪50年代中国大陆大量译介俄语文学作品和文艺理论著作的局面，甚至一时间在全国范围内掀起了学习俄语的高潮。可以看出，如果说，查良铮在西南联大时期学习俄语是出于个人喜好，那么，他在留学美国期间集中学习俄语，却是基于对解放之初新中国国际关系变化的准确预见和俄语文学翻译需求的深刻洞察。

1953年初，查良铮与周与良从美国学成归来，夫妇取道上海看望周与良的姑妈。他们还拜访了巴金先生和他的夫人萧珊。萧珊也是西南联大外文系的学生，查良铮在叙永时曾教过她，所以二人很熟悉，萧珊常以“查诗人”称呼他。得知查良铮已经熟练

① 赵瑞蕻：《南岳山中，蒙自湖畔——记穆旦，并忆西南联大》，载《丰富和丰富的痛苦》，北京师范大学出版社，1997年，第178—179页。

地掌握了俄语，巴金夫妇非常高兴，立刻建议并敦促他翻译俄罗斯诗歌。另外，当时巴金的弟弟在主持平明出版社，巴金还答应为查良铮的译作出版提供帮助。这一切正应和了查良铮的心愿。因为早在美国学习期间，出于对俄罗斯文学的喜爱和对于1949年后国内形势的判断，他不仅学习了俄语，而且实际上已经开始着手翻译普希金的诗歌了。了解这一背景，对于理解查良铮初期的翻译活动，有着十分重要的意义。

接下来的1954年，是查良铮翻译生涯极为辉煌的一年，尤其是俄国文学的翻译，成就骄人。这一年，平明出版社连续出版了查译普希金四部诗集：4月，长诗《波尔塔瓦》问世，长诗《青铜骑士》《高加索的俘虏》出版；10月，普希金的代表作，诗体小说《欧根·奥涅金》开始发行。到了1955年5月，包括一百五十首诗歌作品的《普希金抒情诗集》问世，初版印数即达两万五千册。此后这些诗集不断再版。以《普希金抒情诗集》为例，1957年9月改由新文艺出版社出版，1958年第三次印刷，印数已高达七万六千册。查良铮以清新、质朴、流畅的译笔把普希金介绍给中国读者，在中国形成了一次普希金热。广大读者在欣赏普希金的诗作的同时，也记住了翻译家查良铮的名字。

除了大量翻译普希金和丘特切夫等人的诗歌以外，查良铮还率先从俄文翻译出版了一批文学理论著作，其中包括季摩菲耶夫的《文学原理》(1955)和别列金娜选辑的《别林斯基论文学》(1958)。这些在今天的读者看来已经有点陌生的名字，在当时却曾产生过不小的轰动效应。可是，令人不好理解的是：这些曾经耗费了译者大量心血并产生过巨大影响的学术译作，或称为理论性译作，却因为不属于文学翻译作品而被排除在八卷本的《穆旦译文集》(2005)之外。当然，两卷本的《穆旦诗文集》(2006)，就更不可能收录这些“过时了的”文艺理论著作了。这样，查译《文学原理》和《别林斯基论文学》就从中心移到边缘，并从边缘逐渐地淡出了人们的视野，以至于被完全地遗忘了。

今天，当我们在这里重温这些理论作品的时候，我们实际上也是在重温译者的辛劳与成就，重温那个激昂与浮躁的时代氛围，同时，我们也有机会重新思考一些基本的甚至是不可回避的文艺理论问题，并且顺便评价一下译者对苏联教科书中若干文艺理论观点的认识和批评。为了尊重历史的原貌，我们在介绍这些翻译理论著作的时候，一方面尽可能地抄录当事人哪怕是只言片语的谈论翻译这些作品的话，因而令人不免觉得零碎、平淡，另一方面，则难免要通过当时书中的理论术语来说话，这可能使今日读者有几分"陌生化"的感觉吧。而我们的用意是十分明确的，那就是，通过这些 20 世纪 50、60 年代文艺学著作的翻译介绍和学术讨论，营造一种历史的学术的氛围，以便在这种氛围中讨论和评价翻译问题，从中也可以看出新中国马克思主义文艺学成长的艰难历程。

二、翻译《文学原理》与当时国内文艺学三部著作的评论

列·伊·季摩菲耶夫，生于 1904 年，是俄罗斯文学理论家，苏联科学院通讯院士。他长期担任莫斯科大学教授，世界文学研究所研究员。他的论著《文学原理》1940 年由苏联教育-教学出版社出版，曾获得苏联高等教育部批准，作为大学语文系和师范学院语言文学系的教科书广泛使用。查良铮当时的翻译，依据的就是 1948 年再版时的版本。

关于这部著作翻译的具体情况，查良铮在 1953 年给萧珊的信中有两次提到了翻译《文学原理》的事。第一次他这样说道：

> 关于《文学原理》一书，不必提了，我觉得很惭愧。译诗，我

> 或许把握多一点，但能否合乎理想，很难说。我的意思是：自己译完后，再重改抄一遍，然后拿给你先看，不行再交我改。①

在致萧珊的第二封信（1954 年 6 月 19 日）中，查良铮说得更简单："关于《文学原理》，我准备用心校对一下并取消分开时的那些话。"（《穆旦精选集》，第 183 页）幸亏夫人周与良先生在《怀念良铮》一文中，对此有比较详细的记载：

> 我们回到北京后，良铮就日以继夜地翻译季摩菲耶夫著的《文学原理》。1953 年 5 月，他被分配在南开大学外文系任教。除了完成教学任务外，业余时间坚持搞翻译。1953 年 12 月，上海平民[明]出版社出版了《文学概论》（《文学原理》的第一部），第二部《怎样分析文学作品》和第三部《文学发展过程》先后由平民出版社在 1953 年 12 月和 1954 年 2 月出版。后又汇总为《文学原理》出版（平民出版社，1955）。当时的发行量很大，许多大学都以此书为文学理论课的教材。直到最近，一位多年教文学理论课的老教授还对我说："查先生译的《文学原理》至今仍是我们教文学理论课的主要参考书。这是一本非常好的著作，查先生的文笔又非常流畅优美，读起来好象查先生自己写的。"②

《文学原理》的作者季摩菲耶夫，以马克思列宁主义的哲学方法和文艺学观点为指导思想，从事系统的文学理论研究，他力图从世界文学的复杂现象中归纳出一般的原理或规律。全书包括

---

① 《穆旦精选集》，燕山出版社，2006 年，第 181 页。

② 周与良：《怀念良铮》，载《一个民族已经起来》，江苏人民出版社，1987 年，132 页。

三个部分。第一部分探讨文学的本质和文学形象的特性，以及文学的社会政治意义和美学价值。第二部分确定了文学分析所应遵循的法则，扼要地论述了文学作品的思想、主题、个性、结构、情节、语言及其相互之间的有机联系。第三部分确立了分析文学发展过程所应采取的原则和方法。这三部分，实际上分别回答了文学原理、文学史和文学批评三个方面的问题。这种"三合一"的写法，也符合当时的标准和通行的写法。

第一部分着重探讨文学的思维性、形象性和艺术性，而一般的文学原理问题，都是在文学形象的统摄下展开论述的。作者认为，"马克思列宁的文学的科学，它基本的观点在于承认文学是思维，文学首先给我们生活的知识。这观点是本书一切论断的前提"①。关于形象的概念，季摩菲耶夫用逐步深入的方法加以阐述，认为"形象是具体的，同时也是综合的人生图画，借助虚构而创造出来，并且具有美学的意义"②。在此基础上，进而谈到典型。作者承认艺术上的假定性，并且认为，"假定就是典型"。季摩菲耶夫接着指出："我们也可以反过来说：典型是艺术家的假定，是艺术家在他的生活经验的基础上用想象力所创造出来的。"③

季摩菲耶夫认为，"艺术性问题不止在于区别文学作品和非文学作品，它还要区别某一文学作品和另一文学作品，就是区别文学作品的品质问题"④。这一章还讨论了人民性和党性问题。依据作者的见解，人民性应具备两个条件：其一，在作品中提出具有普遍的人民意义的问题；其二，作家要从人民的立场来阐明所提出的问题。季摩菲耶夫对党性和人民性的关系的论述是："在

① 〔俄〕季摩菲耶夫：《文学原理》，上海，平明出版社，1955 年，第 12 页。
② 同上，第 68 页。
③ 同上，第 43 页。
④ 同上，第 132 页。

苏维埃文学中，党性就是人民性，而且是它的最完善的形式。人民性和党性是可以非常完善地结合在一起的。我们因此可以说，在苏维埃文学中，布尔什维克党性是人民性的最高形式。"①

第二部分是文学作品分析，按照马列文论中内容与形式的两分法原则，季摩菲耶夫强调文学作品内容与形式的统一性。他说："内容和形式是相对的概念，不能够单独存在。形式必须是某种东西的形式，否则便是不可思议的；内容若是存在的话，必须有确定它的外形的形式，否则不能出现。因此内容和形式彼此不可分开地联系着。内容如不包括在形式里，不能有定型的存在；形式也只有协助内容的显现和形成的时候才具有意义。而且，形式必须依据内容才能获得和别种内容或别种现象的形式不同的特殊性。"②然后分章论述思想、主题、个性、结构及情节，还有文学作品的语言等问题。

第三部分讲述文学发展过程，分为两章。第一章讲风格、流派、方法，第二章介绍文学的类型。所谓作家的风格，是指贯穿于作家所有作品中的思想和艺术的基本特征的统一性。所谓文学潮流，指的是一定历史时期内，在思想和生活经验上彼此近似的一系列作家所表现的基本思想和艺术的基本特征的统一性。至于艺术方法，讨论的是作家在选择及综合生活事实时所依据的原则，也就是我们平时所说的创作方法。在这一章，作者分专题探讨了现实主义、浪漫主义、社会主义现实主义三种创作方法。季摩菲耶夫认为现实主义和真实性是两个不同的概念，现实主义的基本特征是：它力图把握现实中已经存在和确定的事实及其规律，并按照它们在生活中已有的样式去描写它们，从而体现形象

① 〔俄〕季摩菲耶夫：《文学原理》，上海，平明出版社，1955 年，第 157 页。

② 同上，第 167 页。

的典型性。在“现实主义”这个题目下，作者还附带谈到了“古典主义”“批判现实主义”和“自然主义”。关于浪漫主义的特征，照季摩菲耶夫的观点，在于艺术家以梦想和现实之间的矛盾为出发点，创造了例外环境中的例外性格，并且使用主观性的叙述。此外，作者还提到了反动的、消极的浪漫主义和革命的、积极的浪漫主义的分野。这一观点，实际上是按照无产阶级作家高尔基首先提出的理论区分精神进行发挥的部分。

“社会主义现实主义”是作者着力探讨的具有苏联特色的艺术创作方法，也是当时对于中国文艺界有相当影响的观点。与毛泽东强调现实主义与浪漫主义相结合的方法相类似(但理论基点不同)，这位苏联理论家也从许多作品中看到了现实主义和浪漫主义的内在联系，同时注意到各自具有的片面性。19 世纪末叶的俄国，工人阶级出现在历史舞台上，担负起领导人民进行解放斗争的重任。高尔基第一个理解了文学艺术的新使命，他把浪漫主义和现实主义的因素融合在一起，提出了新的艺术方法。斯大林在和苏联作家的谈话中，把这种方法确定为“社会主义现实主义”，其基本特征是：塑造正面主人公形象，具有民族的形式和社会主义的内容，而布尔什维克的党性是它的基本原则。

第二章论述文学类型，包括了类和型两个概念，类分为抒情的、叙事的、戏剧的等，在每一类之中，又分为若干不同的形式(型)。关于这些类和型以及不同的发展变化，我们不再一一赘述。只想在这里借助诗人翻译家查良铮先生写于同一时期的一篇文章，说明译者与当时中国文艺界一些思想成果的关系，以及在这种关系中译者兼作者所提出的一些理论问题。从中可以看出，查良铮在文艺理论领域的认识水平和独特贡献。

在苏联文艺思想的影响下，事实上，甚至可以更直接地说，就是在查良铮为代表的俄罗斯马列文艺思想翻译作品的影响下，国内在20世纪50年代中期几乎同时出版了三本重要的文艺理论著作，他们是：

1. 冉欲达等编写的《文艺学概论》，辽宁人民出版社。
2. 李树谦等编写的《文学概论》，吉林人民出版社。
3. 霍松林编写的《文艺学概论》，陕西人民出版社。

按照查良铮的说法，"都是由高等学校教授过这一门课程的人编写的"。关于这三本在国内有影响的文艺理论教材，他说："翻到文学分类的这一章，看到它们有一个共同的特点，就是，都不愿意采用由科学认定出来的文学分类法，即三分法，而愿采用四分法。"

这里我们要多说两句。所谓的三分法，就是西方美学史上一贯采用的抒情、叙事与戏剧（综合）的文学分类法，而所谓的四分法，就是我们现在还在使用的诗歌、散文、小说、戏剧的文学分类法。从表面看来，这两种分类法各有道理，但从结果来看，后一种分类法产生了简单化的隔离的后果，混淆了抒情、叙事的分界线，在理论上与西方的叙事学、抒情理论不能很好地照应和贯通，不仅影响了文学批评的健康发展，而且可能更深层地影响到文学创作的质量。例如，简单地认为诗是抒情的，忽视了叙事诗（史诗、长篇叙事诗），认为小说是叙事的，忽视了《奥涅金》诗体小说以及《少年维特之烦恼》的抒情性质，而戏剧则违背了它的综合性，即王国维所谓的"抒情的叙事"的综合性原理，我们的诗人习惯于写作和欣赏单篇诗歌，上升不到西方诗剧的高度，而且隔断了西方诗人与剧作家合一的创作传统（也违背了元明传奇诗人与剧作家一体的传统），在戏剧领域变成了主角表演为主的体制，在诗歌领域则沦为简单的抒情，等等，不一而足。可见，文学理论上的滑坡和解放初期这一文艺学理论建设中的有意无意地分类选择，产生了不可忽视而且不可逆转的负面效应。

查良铮以诗人的敏感与文艺理论的良好修养，觉察到这一个简单分类的转向，即时予以纠正。他专门撰写了《评几本文艺学概论中的文学的分类》的论文，刊登在《文学研究》1957 年第 4 期。这篇长文就文学的分类问题进行了详细的辨析和论证，在承认可以做一些中国式的学术探讨的同时，基本上坚持了所译的苏联文艺学家的思想，也就是间接地坚持了亚里士多德以来西方美学的三分法，批评了当时的四分法。可惜他的观点当时不受重视。尽管如此，我们还是可以看到作者对于这类学术问题的态度，他在原则上坚持了一个文艺学者所具有的理论认识高度。这使我们看到了不以理论思维和创造见长的查良铮的另外一面，即严谨而思辨的一面。首先涉及一个基本的态度问题，作者是这样表述的：

> 在文艺学领域中，有一些带有原则性的问题是尚未能解决的，这需要文艺学研究者以科学的态度去解决它们。在这种地方，应该容许人们提出不同的见解，表示分歧；但即使这样做时，也应该以科学推理而不是以习惯或传统为依据的。讲习惯或传统，这是文学史的范围，在专门以艺术文学的普遍规律为其研究对象的文艺学中，它是没有地位的（各国文学史及传统只能作为规律的体现和解释而存在）。马列主义文艺学的优越性之一就是它能够吸收一切科学成果为其营养。这种成果不能有国别或种族的限制。①

在这样一段话语中，除了作为普遍规律性体现的文艺理论

① 查良铮：《评几本文艺学概论中的文学的分类》，载《文学研究》1957 年第 4 期。

（概论）和体现个性特点和传统与习惯的分国别的文学史的对立之外，就是在提倡一种严谨而科学的推论的态度的同时，坚持认为马列主义文艺学有不分国别与种族的气派和能量，以及对一个新兴学科如何纳入分国别的文学史资料的密切关注。在具体涉及文学分类的时候，例如关于抒情诗分类的时候，作者表示出对当时有些成果在方法上的可靠性的担心：

> 文学分类的科学工作，还有许多是等待我们去做的。三大类虽然已成定论，但其下还有许多问题尚未解决。例如，抒情诗应该怎样分型，就是久未解决的一个问题。对于我国古典诗歌，冉、李、霍的三本书中都有划分，但不能令人满意的是，他们还是本于古体、近体、五言、七言、绝句等项目把中国旧诗排列下去。要知道，这许多名词，都不过标帜着诗的语言上的差异，而不能概括抒情性内质上的区别。我们希望文学研究工作者能设法打破这陈旧的划分法，把各种古典诗的更本质的区别揭示出来。又如关于长篇小说、短篇小说，有没有比较更满意的标帜区分它们，也值得探讨。①

在阅读这些今天似乎有点生疏的理论话语的时候，如果我们不带偏见的话，就可以感觉到作者对中国古典诗词所提出的意见是值得考虑的，而他对于和源远流长的西方文艺学传统有着继承关系的马列文论中的文学分类标准的坚持，则根源于两个亚里士多德式分类学上的原则：其一，应当坚持在分类时将一切因素都严格地归结到“表现的媒介、表现的对象、表现的方法”三大范畴中去；其二，认为在原则上，一个科学的分类体系应当能够容纳所有可能

① 查良铮：《评几本文艺学概论中的文学的分类》，载《文学研究》1957年第4期。

的文学艺术形式（即典型的文类）及其变异（包括非典型的作品）。

写到这里，不妨说明一下查良铮翻译《文学原理》的目的。应当说，在当时新兴文艺学建立的过程中，他的翻译目的十分明确。一个直接的目的，就是为20世纪50年代初期各大学文学理论教学提供急需的参考书，而进一步的扩充性的目的，就是建立新的文艺学。他认为，"要想建立文学科学，必须科学地、严格逻辑地进行思索"①。应当说，通过以上的文艺学论文和他的翻译本身（包括对翻译资料的多重处理），他已经成功地实现了这两个目的。

毋庸置疑，查良铮翻译这本《文学原理》的态度是相当认真的，而在处置策略上也很得体。就正文而言，基本上做到了理论术语准确，文字流畅易懂，做到了既对原作者负责，也对中国读者负责。他知道这是一部卓越的理论著作，但还存在一些缺点。事实上，苏联文学批评界对这本书有争议，也有批评。因此，查良铮把他能收集到的有关本书的批评意见，尽可能在相关章节的注释中，以"译者按"的形式翻译出来，作为附录。1955年三本汇总成一册出版时，查良铮还翻译了季摩菲耶夫当年发表的一篇论文《文学原理基本概念的系统化》，附在书末，使中国读者能进一步了解俄国作者最新的观点。这种正文与附录相互参较的翻译格局，是一种严谨的学术著作的翻译体制。它既能照顾到一般读者阅读正文的理论内容，又为进一步的研究提供了宝贵的参考资料。

三、《别林斯基论文学》：寻求一种编译的方式

查良铮翻译的第二本文学理论著作是《别林斯基论文学》，于1958年由新文艺出版社出版。不幸的是，就在这一年，查良铮被宣布为历史反革命，逐出了大学讲堂。也就在这一年，他翻译的

① 查良铮：《评几本文艺学概论中的文学的分类》，载《文学研究》1957年第4期。

《雪莱抒情诗选》《济慈诗选》和普希金的叙事诗《高加索的俘虏》，分别在北京和上海出版。就译者的政治待遇和译作成就而言，这不能不说是一个强烈的反差。进一步而言，这也意味着译者在俄语文学作品的翻译和英语文学作品的翻译之间的一个巧妙的连接和转换。这又是发人深思的。

《别林斯基论文学》一书是从俄国批评家别林斯基的全部著作中选辑出来的片段，集中反映了别林斯基文学理论及美学思想的精华，对文艺学及文学批评的各种重要问题都有所解答。这本书原作的选辑者是别列金娜。中文译本出版时，查良铮使用的是笔名“梁真”。

实际上，早在查良铮翻译普希金诗歌作品的同时，他就翻译了别林斯基的相关评论，例如长文《别林斯基论普希金的抒情诗》，以及苏联其他文艺理论家的相关评论，分别附在抒情诗、叙事诗后面，为读者和研究者阅读和理解普希金提供了方便。当然，这也为他后来翻译《别林斯基论文学》做了很好的准备与铺垫。现将这一部分资料以目录形式列举如下：

1. 别林斯基论普希金的抒情诗
2. 别林斯基论高加索的俘虏
3. 别林斯基论强盗弟兄
4. 别林斯基论巴奇萨拉的喷泉
5. 别林斯基论努林伯爵
6. 别林斯基论塔西特
7. 别林斯基论科隆那的小房子
8. 别林斯基论青铜骑士
9. 别林斯基论波尔塔瓦

此外，还有其他苏联专家的有关论述，以及苏联教科书《俄国文学史》摘要等内容，恕不一一列举。顺便说一句，这些属于文艺评论性的文字，都收录在《穆旦译文集》第5卷和第7卷中了。

以下进入《别林斯基论文学》的翻译讨论。

这本《别林斯基论文学》的目次如下：

一　文学和艺术的本质和意义

二　文学的民族特点　文学的人民性

　　民族性和世界性　俄国作家的人民性

三　现实主义

四　其他文学倾向的评价

五　艺术形式的问题

六　语言和风格（文体）

　　艺术作品语言的精确性和表现力

七　作家和读者

八　文学批评

别林斯基（1811—1848），是19世纪俄国文学批评家、政论家、思想家、出身于平民知识分子的民主主义革命家。列宁高度评价别林斯基，认为他"还在农奴制度时期就成了我们解放运动中完全把贵族取而代之的平民知识分子的先驱"。他不仅为俄国民族解放运动进行理论探索，还在美学、文学理论与批评以及文学史等方面开创了革命民主主义的新方向。

别林斯基短暂而多产的一生是多灾多难的。他在上莫斯科大学语言系期间，参加了斯坦凯维奇小组，开始受到德国哲学家谢林等人的影响。他们"谈论文学、科学和其他有价值的事件"，思想上颇有收获。1832年他创作了一部"思想偏激"的悲剧，因此被学校开除，但他仍然和进步的组织保持联系，并且保持了乐观进取的精神。他说：

> 尽管遭到命运的残酷戏弄，但我不论何时何地都永远不会消沉……我不但不埋怨自己不幸而且还为此感到高兴：我凭自己的亲身经验得知，不幸的磨炼是良好的磨炼。①

从别林斯基身上，以及在陀思妥耶夫斯基、托尔斯泰等人身上，我们可以集中地看到俄罗斯进步知识分子的优秀品质，即强烈的普世主义情结、反叛精神和极端主义情绪、"无根性"意识与孤独状态、民族忧患意识，以及深刻的自省和自责意识。正是这些性格基质深刻地影响到俄罗斯知识分子对政治现实、人生命运以及文学艺术的深刻思考，造成他们对知识分子神圣使命的矢志不渝的艰苦探索和终其一生的艰难履行。

作为思想家，别林斯基经历过从唯心主义和民主主义启蒙运动到唯物主义、革命民主主义和社会主义的复杂发展过程。别林斯基坚持理论与实践、学术与生活的密切联系，他写道："理论问题的重要性有赖于它和现实的关系。"他遵循这样的原则来解决美学、文学理论、文学史和文学批评所遇到的一系列问题。别林斯基是俄罗斯唯物主义美学的开创者，他从革命民主主义立场来理解美和确定艺术性的标准。他还深刻探讨了思想和形式的联系及相互制约的问题，论述了艺术作品各个部分严格统一的问题。在论及内容和形式的统一时，他指出，作品艺术性的程度有赖于其思想的真实性。别林斯基一方面要求艺术作品的思想性、社会内容和对当代问题的深切关注，另一方面，坚持反对"纯艺术论"，反对有些诗人企图把艺术变成"无所事事的懒人的玩物"。

① 转引自张建华：《俄国知识分子思想史导论》，商务印书馆，2008年，第377页。

他说:“取消艺术为社会服务的权利,这是贬低艺术,而不是提高它。”认为作家的基本使命在于反映当代社会的迫切问题,只有具有时代感的作家才能成为真正的艺术家。

与要求崇高的思想性相联系,别林斯基还提出了“主观性”(相当于今天的“主体性”)理论,认为主观性是现代作家必须具备的一种特性。这种特性或能力,保证作家不致成为一个冷漠而客观的描述者,而应当是他所描述的事物的裁判者,善于“在自己活跃的心灵中体验外在世界的现象”。他指出,文学的特殊任务不仅仅在于美学教育,而且还在于培养和发展读者的前进意识。他不止一次谈到作家崇高的公民责任感,谈到广大读者“把俄国作家看作是使自己摆脱俄国专制政体、摆脱正教和官方人民性的唯一的领导者、保卫者和解放者”。

别林斯基指出了进步的俄国文学的丰富多彩和民族特色,其本质特征是爱国思想与争取解放的热情相融合。作为俄国卓越的文学史家,他深刻地论定了18世纪和19世纪上半叶许多俄国作家作品的历史内容,给读者指出了普希金、果戈理、莱蒙托夫和柯尔卓夫的真实意义;当赫尔岑、涅克拉索夫、屠格涅夫和冈察洛夫初登文坛的时候,他就已经把握到这些作家作品的本质了。

别林斯基还明确地界定了现实主义的基本特征,确定了其思想性以及暴露和讽刺的倾向,正是这些特征使得俄国文学成为社会发展中的强大动因。在揭示文学的社会性质时,别林斯基还指出了文学怎样才能履行它的社会功效。他说,艺术应该是真实的,艺术所描写的东西不应是虚构和杜撰的,而应是生活中切实存在的,或者虽不存在于像作品所显示的那种形态中,但须是在适当的环境里可能发生的事情。作家不仅要描写具体的真实的生活,还要描写“可能的”生活,这就要求他必须对生活有当代的正确观念,只有这样,他的生活描写才能是真实的。

别林斯基坚持为符合人民利益的真正的艺术、为民主的现实主义艺术进行斗争，他提出了典型化方法，即艺术概括的方法，应当说，这是现实主义艺术基本的特征之一。在别林斯基的著述中，典型性问题和他对“理想”的探究一直是相结合的。在 20 世纪 40 年代的评论中，“理想”这个概念被用在两种意义上：一方面，“理想”就是“概括”，因此，把现实“理想化”，并不意味着歪曲现实，而是意指反映其中最富有代表性的、最典型的东西。他说过，“任何真实的诗都是现实理想的映镜”。另一方面，“理想”是作者对现实的理解，是他对所描写的事物的观点，也可以说是他的社会立场。

别林斯基常常指出，艺术的特点在于它的形象性。他要求当代批评从内容和形式的统一中去研究作品。别林斯基一方面从艺术的历史制约性的观点来研究艺术，一方面坚持认为，要正确理解作家的创作必须考虑到他个人的特点。他认为，批评任务也在于显示作家创作的基本倾向和内在本质，显示他的艺术方法的特点，以及和作品的思想、一般倾向有关的文体风格。他指出：“文体是思想的浮雕性、可感触性；在文体里表现着整个的人；文体和个性、性格一样，永远是独创的。因此，任何伟大的作家都有自己的文体。”别林斯基高度重视艺术作品的语言问题。他认为，使用全民族的语言进行创作的作家，有责任揭示蕴含在俄国文字里的一切富藏，并竭尽全力使自己能驾驭生动的俄罗斯语言。

和《文学原理》的翻译一样，对于《别林斯基论文学》，查良铮先生也不是只做一般的文字翻译，而是以一个中国作者的文艺理论的编译形式，进行集中处理，因而带有主动推介的性质。在这本书的《译后记》中，编译者借用《俄国作家论文学》一书编者的一段话，说明了翻译这本书的用意：

> 我们的选集不要求、而且也不可能要求全面，更不想以

> 勾勒出过去作家们的文学及美学见解的整幅图画为己任；对于这，只有一条途径——就是去研究每个作家的全部遗产，包括他的艺术作品、论文和书信等等在内。我们这个选集的目的在于使读者看到俄国作家关于文学著作的立论的深刻与丰富，从而鼓舞他将来从事于原作的全部研究。自然，对于文学有热烈兴趣的读者会这样作的，但也有一些读者会把这种摘录性的选集作为认识某些问题的极限，或者把它当作类书，以备无须自己费事、从中征引现成的章句之用。①

作为编译者，查良铮具有相当的读者意识。他指出，这种文论选集的优点在于，一卷在手，一般读者便用不着去读卷帙浩繁的别林斯基全集，就能够比较系统地了解别林斯基的主要见解，领会这位大批评家的文学、美学观点及其思想的发展脉络。为了理论概念的准确翻译和理解，也为了帮助读者准确地把握西方文论的要点，他还特意细心解释了几个术语，如别林斯基使用的“诗”“诗人”“诗的”“艺术的”，与现代的概念不同，在19世纪上半叶，它们分别指“文学”“文学家”“文学的”“富于艺术性的”，希望今日读者能注意识别。但查良铮坦然承认自己并没有研究过别林斯基的全部作品，因此，翻译中可能有理解不够全面，甚至有译得不妥的地方。他还特意说明，他在翻译的过程中参考过时代出版社出版的满涛先生翻译的《别林斯基选集》(两卷本)。这种在学术上的诚实态度，值得我们很好地学习。

总而言之，在建国初期中国的文艺理论极端缺乏的条件下，查良铮先生翻译了季摩菲耶夫的《文学原理》和《别林斯基论文学》，为我国的文学翻译事业做出了巨大的贡献。他的这些译作，往往被作为教科书宣讲于大学课堂，对于我国文艺界了解马列文

① 查良铮：《别林斯基论文学》，译后记，新文艺出版社，1958年。

论和进一步建立自己的文艺理论体系，具有重要的奠基作用。实际上，他是在极其艰难的条件下从事翻译，把自己浸透着心血与汗水的劳动成果奉献给广大读者的。每当我们想到当时译者所处的极其艰苦甚至是恶劣的环境的时候，每当我们读到这些发黄的纸页上的有点“不合时宜”的理论表述的时候，一股难言的酸楚就油然而生。与此同时，我们也有理由相信，在当时那样不利的条件下，这些理论著作的翻译，不仅为我国的文艺理论建设奠定了术语概念和理论基础，而且也为诗人自己的文学翻译提供了必要的理论素养和语言与经验的积累。这一点，对于今天的翻译家来说，尤其应当是一个借鉴。

本节主要介绍的是查良铮先生有关苏俄马列文艺理论的翻译情况，也在适当的地方，结合当时国内的有关理论著述，谈到译者的文艺理论批评活动，从而间接地涉及他的文艺观点的形成、思辨推理与批判精神的体现。我们有理由相信，查良铮不仅是诗歌翻译的好手，而且擅长理论思维和学术著作的翻译，在新中国的文艺理论建设和相关的理论论争中也有重要的贡献。单就他的翻译实践的多样性而言，也使我们进一步思考这样一个问题：学术著作的翻译，必然会增强译者的理论意识和理论修养，而且也有助于翻译本身的严谨性和逻辑化表达。这对于文学作品的翻译，无疑是有利的。鉴于这些宝贵资料多数并不见于作者和译者的选集中，我们的整理与披露以及重新评价，就具有特殊的意义。（例如，人民文学出版社八卷本的《穆旦译文集》中，这些文艺理论的翻译文本被删除了。可能是考虑到穆旦主要是一个诗歌翻译家，自然选集应当只收入他的诗歌作品，也可能认为这些苏式理论已经过时了，而且文艺理论原本也不能算作文学翻译作品。）

关于查良铮本人的文艺理论观点，我们将在最后一章进行集中而系统的讨论。

第二节　学会沉默:《丘特切夫诗选》

毫无疑问,在俄罗斯文学翻译领域,查良铮是以翻译普希金的诗歌而著名的,此外,查良铮还翻译了另一位俄罗斯著名诗人丘特切夫的作品,并且出版了《丘特切夫诗选》。由于查良铮翻译丘特切夫的时间比较早(1963年),内容上也比较集中(而最后的出版则在诗人翻译家身后,迟至1985年),所以我们还是在这里先行介绍丘特切夫的诗作和翻译情况,然后再专门讨论普希金诗歌的翻译问题。

丘特切夫(1803—1873)在俄罗斯诗歌史上占有重要地位。陀思妥耶夫斯基说:"他是俄国第一个哲理诗人,除普希金外,没有人能与他并列。"梅列日科夫斯基则这样评价丘特切夫不可替代的历史地位:

> 托尔斯泰和陀思妥耶夫斯基需要用鸿篇巨制表达的东西,丘特切夫却只需用短短几行诗就可以表达。……丘特切夫对于俄罗斯抒情诗所作出的贡献,几乎等同于他们对于俄罗斯叙事文学所作出的贡献。①

丘特切夫是俄罗斯哲理诗派的代表人物,又被视为俄罗斯现代派的先驱。他的作品以歌咏自然、抒发性情、阐发哲理见长。他的诗作艺术性强,影响深远。1883年,适逢丘特切夫去世十周年,诗人费特(1820—1892)写了《题〈丘特切夫诗集〉》怀念他:

---

① 转引自曾思艺:《丘特切夫诗歌研究》,湖南文艺出版社,2000年,第411页。

诗人把它留给了我们，
这是追求高尚的凭证；
这里生存着强大的灵魂，
这里凝聚着生命的结晶。

荒原上难寻赫利孔山，
冰川上没有月桂葱茏，
丘特切夫不与土著为伴，
蛮荒地不生阿纳克利翁。

而诗神缪斯维护真理，
明察秋毫摆好了天平：
这只是一本薄薄的诗集，
却比长篇巨著更加厚重！

古今中外，诗人的命运多舛。而丘特切夫在中国的译介之路，也注定是曲折的，甚至一开始，翻译活动就是秘密进行的。

1963 年 12 月，查良铮在逆境中背着家人完成了《丘特切夫诗选》的翻译，并把译稿寄给了北京的人民文学出版社。当 22 年以后，即 1985 年的秋天，这部译诗集出版时，我们的诗人翻译家离开人世已经 8 年之久。此时，出版社写信通知家属领取稿酬，他的夫人周与良竟感到迷惑不解，还以为是出版社出了差错呢。这种连自己身边的亲人也不知道的翻译，岂不就是一种秘密的翻译？难怪曾思艺把以查良铮为代表的 20 世纪 60 年代针对丘特切夫诗歌的翻译活动称为“秘密进行阶段”。它实际上构成了中国翻译丘特切夫的第一阶段。

那么，查良铮为什么会选择和翻译诗人丘特切夫的作品呢？

这和他当时的处境与心态有着密切关系。自从1953年年底回国以后，查良铮虽然在文学翻译方面取得了骄人的成就，译著一本接一本地出版，但是在政治上却屡遭打击。1954年在南开大学"外文系事件中"被打成"小集团"成员。1957年因发表《葬歌》和《九十九家争鸣记》，在报纸上受到点名批判。1958年12月，在"反右倾运动"中，又被定为"历史反革命"，被逐出大学课堂，"接受机关监督"，劳动改造三年。经过这一系列的坎坷磨难，查良铮由50年代初回国时的兴奋、激动和想干一番事业的壮志凌云，突然跌入悲惨命运的深渊，陷入了痛苦的沉思。痛苦，是诗人的财富，特别是当这些痛苦一天一天在心头累积起来的时候。在丘特切夫的诗作中，查良铮找到了痛苦的知音：

我的心没有一天不痛苦，
往事的回忆尽把它煎熬；
唉，语言又怎能把心事表述！
它只有一天天地萎缩，枯凋。①
（《我的心没有一天不痛苦》）

还有一首诗，表达了俄罗斯诗人更为深刻而强烈的痛苦感觉，以及面对新的情况在自我认识上的困难。联想到穆旦自己在50年代和60年代面临的困境、自我改变与适应的困难，以及他创作的《葬歌》，翻译丘特切夫的诗句就像是诗人翻译家在抒写自己的心境一般：

① 本书中查良铮的译诗皆选自人民文学出版社2005年出版的《穆旦译文集》（第1—8卷）。

在我的痛苦淤积的岁月中，
有一些时日比悲伤更可怕……
那沉重的时刻，致命的负担，
我的诗也无法承受，无法表达。

（1）

而我孤独的，带着呆滞的忧郁，
我想认识自己，但这也困难——
好像一只残破的小船被波浪
抛到了荒芜的、无名的岸沿。

（4）

《在我的痛苦淤积的岁月中》，诗人穆旦变成了翻译家查良铮，他的创作从此停止。是呀，翻译家在夜深人静时阅读丘特切夫的诗作，从中感受到心灵的共鸣。对于不能发表作品的诗人，沉默，也许是唯一的选择了。

丘特切夫有一首写于1830年的诗：

沉默吧！

沉默吧，把你的一切情感
和梦想，都藏在自己心间，
就让它们在你的深心，
好似夜空中明亮的星星，
无言地升起，无言地降落，
你可以欣赏它们而沉默。

你的心怎能够吐诉一切？

你又怎能使别人理解?
他怎能知道你心灵的秘密?
说出的思想已经被歪曲。
不如挖掘你内在的源泉,
你可以啜饮它,默默无言。

要学会只在内心里生活——
在你的心里,另有一整个
深奥而美妙的情思世界;
外界的喧嚣只能把它湮灭,
白日的光只能把它冲散,——
听它的歌吧,——不必多言!……

沉默吧!因为说出的话被人歪曲,发表的诗受到批判。一个人屡受迫害却无处申辩。他所能做的,只有思考与沉默。他默默地阅读,默默地翻译,这是他唯一的精神寄托。避开所有的人,包括妻子和儿女,免得让他们担惊受怕,也免得受到阻拦或听到抱怨。

毫不奇怪,翻译异国诗人的诗,必然会融入译者的切身感受,译诗才能真挚动人。作为现代派诗人,查良铮对丘特切夫写诗所采用的象征、暗示、意象叠加等艺术手法十分熟悉,因此翻译起来得心应手。这和50年代初期查良铮翻译普希金的诗歌时的喜悦心情是不同的。60年代初,诗人翻译家翻译丘特切夫的诗,无异于在痛苦的思考中从事艰辛的劳作,在缓慢的进程中加深着这种珍贵的孤独的体验。而早先翻译普希金的作品,却是心情激荡,思如泉涌,译笔速度也快,他自己后来说过属于"比较草率"的一类。如今再拿起译笔,翻译丘特切夫,已经有了经验,除了思想上的贴近和沟通,在把握诗歌的音乐性和形式方面,体会愈深,要求便愈加严格，译得也就愈加精细了。

毋庸讳言，丘特切夫的诗十分难译。这是因为：第一，它把哲理、诗歌、绘画、音乐完美地融为一体，稍不小心，即损失其神韵；第二，形式、手法、语言既古典又现代，既精美又自然，既雅致又深邃，达到了“空前的高度”。第三，在语言上，他把简洁古朴与现代技巧熔为一炉，既具很强的音乐性（至今已有150多位音乐家为其诗谱曲）和即兴诗的平易、口语化，又有现代诗的通感手法，更有语言的凝练精致，意趣的高雅挺拔。这种诗好看、耐读，也好谱曲，但十分难译，更难译好。而查良铮的翻译却准确流畅，音韵自然。下面是具有泛神论色彩的一节诗：

紫色的葡萄垂满山坡，
山上飘过金色的云彩，
河水奔流在山脚下，
暗绿的波浪在澎湃。
目光从山谷逐渐上移，
直望到高山的顶巅，
就在那儿，你会看到
圆形的、灿烂的金殿。

丘特切夫一生写诗四百来首，除去五十多首译诗及部分政治诗、应酬诗，真正精良的作品不到二百首。查良铮从其中精选出一百二十八首译成中文，汇集成《丘特切夫诗选》，将丘特切夫那些风格独特、思想深邃、精美动人的诗歌大体已网罗其中，就诗歌翻译的质量而言，每一首都堪称精品。随便从《丘特切夫诗选》中翻开一页，就能读到一些名句。例如，下面这一首《天鹅》，你读一遍，惊异于诗人的想象，读两遍，惊异于译者的文笔，读三遍、四遍，还是不忍心放下来：一股刚健有力的诗风，扑面而来，两个高妙脱俗的形象，盘旋不去。

天鹅

休管苍鹰在怒云之上
迎着急驰的电闪奋飞，
或者抬起坚定的目光
去啜引太阳的光辉；

你的命运比它更可羡慕，
洁白的天鹅！神灵正以
和你一样纯净的元素
围裹着你翱翔的翘翼。

它在两重深渊之间
抚慰着你无涯的梦想，——
一片澄碧而圣洁的天
给你洒着星空的荣光。

丘特切夫被俄国象征派奉为鼻祖。但俄国象征派在当时的苏联政治气候下，长期被视为资产阶级颓废派，受到批判，因而丘特切夫的诗在 20 世纪 30 至 40 年代的苏联一直未受到应有的重视。20 世纪 50 年代中期至 60 年代初，苏联重新掀起丘特切夫热潮，丘特切夫的各种诗选、书信选及诗歌全集纷纷出版，一系列丘氏研究专著也相继问世，堪为诗界大观，盛况空前。这种现象，无疑给中国翻译和研究丘特切夫的诗歌提供了有力的资料支持和机会支持。可是，我们还是注意到一个奇怪的现象：就像丘特切夫在俄罗斯和苏联的政治气候下受到非常的待遇一样，作为“九叶诗派”中坚的穆旦，在失去了创作自由的条件下，必定有着类似的命运和相似的契机。但实际上，由于当时的条件限制，消息闭塞，查良铮并不十分了解丘特切夫的遭遇，却是凭着一个诗人对另一个诗人的跨越时空的直觉的感悟，发现了一种无法抵抗的精神力量，找到了一个诗国的宝藏，而且要把它挖掘出来，贡献给那个缺乏诗歌营养的时代。这是查良铮翻译丘特切夫的特殊意义。

丘特切夫的诗歌语言优美，读之让人心醉，屠格涅夫称其为“不朽的语言”。这特别体现在诗歌的形式例如诗行的排列和音韵方面。查良铮的译文不仅音韵和谐，而且融汇了诗人的气质和创作的热情与作诗法。对此，诗歌翻译界有专门的评论：

> 查良铮则不仅译得韵律动人，而且能传其神韵。他译的丘诗，韵脚方面尽量“复制”原诗的韵脚，几乎是亦步亦趋，但丝毫没有因韵伤辞或因韵损意，同时，他更注意诗歌内在节奏的变化，并把自己多年知性与感性结合的写诗方法用之于译诗，传神地表现了丘诗的现代技巧与凝练精致。①

更加值得注意的是，查良铮还综合可以找到的所有俄文资料，写了一篇很长的《译后记》，可以说全面而系统地介绍了丘特切夫的生平履历、创作思想，分析了他的诗歌创作特点。这是我国第一篇详尽介绍和评价丘特切夫的文章。我们特别注意到，这篇《译后记》不仅有哲理高度，而且有详尽的作品分析。关于前者，这里仅提一下译者关于泛神论的思想评价。众所周知，泛神

---

① 曾思艺：《丘特切夫诗歌研究》，湖南文艺出版社，2000年，第383—384页。

论是许多诗人认识上和艺术上的支撑点，但在中国当时的条件下，有难以说明和接受的意识形态方面的限制，也有习惯成自然的来自民间的惰性。而查良铮却有理论的勇气和非凡的见识写出下面一段文字：

> 在十八世纪末和十九世纪初，欧洲的浪漫主义作家和诗人都或多或少带有泛神论的倾向。在当时，泛神主义打破旧的宗教观念，把对神的崇拜引导到物质的自然界和现世上来，是具有一定的进步意义的。不过，它在革新人的精神世界的同时，又制造了另一个上帝来束缚它，归根结底并未脱离唯心主义的范畴。①

难能可贵的是，查良铮并没有对泛神主义做泛泛之论，而是深入到丘特切夫的诗歌创作中，做了合情合理的艺术分析：

> 歌德、拜伦和丘特切夫都写过一些带有泛神主义色彩的诗，但是由于他们所处的时代和社会环境不同，各人的感受和动机不同，他们的诗歌的现实内容也就各异其趣。丘特切夫的诗通过泛神主义表现了他的奔放的心灵。他希求生活的美满和丰富，渴望扩展自己的心灵，享受现世所能给予他的一切。通过泛神主义，他表现了对生活和自然界的热爱。在他和自然景物的某一瞬息的共感中，他往往刻绘出了人的精神的精微而崇高的境界。②

① 《穆旦译文集》(第 8 卷)，人民文学出版社，2005 年，第 157 页。

② 同上。

在艺术上，查良铮不仅注意到了诗人独特的心灵世界，而且尤其注意到了丘特切夫在前后期诗风表现上的不同。这一点之所以格外重要，就是因为其中隐射了穆旦自己前后诗风的微妙变化，甚至更进一步，可以从中看到丘特切夫对穆旦的影响，特别是对后期穆旦诗风的影响。

翻译家查良铮比较了丘特切夫分别写于 1830 年的《秋天的黄昏》和 1857 年的《“初秋有一段奇异的时节”》。认为前者在秋景描写中具有泛神主义的色彩，流露出普遍主义的痕迹，而后者则显示出“俄国的景色和劳动者的，农民的秋天”。整首诗共三节，尤其是后两节，格外引人注目：

在矫健的镰刀游过的地方，
谷穗落了，现在是空旷无垠——
只有在悠闲的田垄的残埂上
还有蛛网的游丝耀人的眼睛。

（2）

空气沉静了，不再听见鸟歌，
但离冬天的风暴还很遥远——
在休憩的土地上，流动着
一片温暖而纯净的蔚蓝……

（3）

熟悉穆旦诗歌的读者可能会发现，写于 1976 年 9 月的两首《秋》，其中的第一首，在开头就有这么一个句子，“天空呈现着深邃的蔚蓝”。这里明显可以看出丘特切夫诗句的影响。不过，紧接着一句，却反其道而行之，加强了意象和思想的对比，“仿佛醉汉恢复了理性”。如果我们还记得那特殊的1976年的秋冬之季，这个典型的中国式的描述就不会是空穴来风。

让我们再跳过一节，读一下《秋》的最后两节，其中的意境、韵味，甚至措辞和情调，都分明吐露出丘特切夫式的气息：

田野的秩序变得井井有条，
土地把债务都已还清，
谷子进仓了，泥土休憩了，
自然舒来一口气，吹来了爽风。

(3)

死亡的阴影还没有降临，
一切安宁，色彩明媚而丰富；
流过的白云在与河水谈心，
它也要稍许享受生的幸福。

(4)

实际上，翻译的语境也是如此。1963年底，查良铮秘密地译完了《丘特切夫诗选》，他秘密地，径直地，有点急切地把稿子寄往人民文学出版社，如释重负。诗人没有沉默，他借助翻译而发言了。可是，无论就译者查良铮的身份还是就丘特切夫诗歌的命运，当时都没有可能马上出版，而出版社也秘密地将稿子封存，好像双方有一个默契，诗人翻译家和出版商共同严守着一个秘密，一个心照不宣的约定：且度过这寒冷的漫漫长夜，留待一个合适的开放的季节——诗的春天。

第三节　像普希金钟情《奥涅金》

> 这真是个迷人的去处：
> 它比亚米达的花园更美，
> 所罗门和塔夫里达公爵的花园，
> 不如它叫人心醉。

这是普希金歌颂中国花园的一节诗，见于其长诗《鲁斯兰和柳德米拉》第二歌。普希金虽然没有到过中国，但他短短的三十八年的一生中对于中国却是心向往之，而且在许多诗作中吐露了他向往中国和中国文明的心情。他笔下的沙皇离宫皇村，就染上了中国花园的色彩，这不仅因为欧洲对于中国的向往具有凝固的"中国花园"情结，而且还体现了不同于法国、德国、英国等国的俄罗斯诗人的独特的想象。不仅如此，普希金的诗体小说《叶甫根尼·奥涅金》中，还有称颂孔子的诗句，而且诗人对于孟子也很熟悉。在《出发吧，朋友们，我已准备停当……》中，他甚至幻想能够"去遥远的中国长城脚下"。

在俄罗斯诗人所向往的并不十分遥远的东方，伟大的普希金(1799—1837)的名字(最早译为"普式庚")，也逐渐为我国广大读者所熟悉。"五四"以来，他的名作《自由颂》《纪念碑》《寄西伯利亚》《高加索的俘虏》《欧根·奥涅金》，早已家喻户晓，深入人心。诗人用大量诗作、散文、诗体小说、诗体戏剧和诗体童话，开创了俄国文学的新纪元，使得原本落后于西欧的俄罗斯文学迅速赶上，甚至后来居上。进一步而言，普希金还是现代俄罗斯语言和文学的开创者和奠基人，用高尔基的话说，是"一切开端的开端"。

在普希金之前，俄罗斯文学，无论是古典主义作家还是浪漫主义和感伤主义诗人，都是跟在西欧作家与诗人身后，亦步亦趋，模仿学习。只有到了普希金的时代，才创作出独具俄罗斯民族风采和诗人个性的杰作，使得俄罗斯文学立足于世界文学之林，并且开创了 19 世纪俄罗斯批判现实主义辉煌的先河。

值得一提的是，普希金对于英国诗人拜伦，和中国“五四”时期新文学的先驱们一样，也充满了崇拜之情，从下面的诗歌片段，即可看出：

当整个惊愕的世界望着
拜伦的尸灰甑而暗伤，
当他的靠近但丁的诗魂
谛听着全欧洲竖琴的合唱；

另一个幽灵在呼唤我，
他早已停止呼吸，停止啜泣，
……

（普希金：《安得列·谢尼埃》）

事实上，拜伦和普希金在中国翻译文学史上的相对地位以及前者对后者的影响，固然首先应当归结为俄罗斯文学的奠基人普希金对英国浪漫主义诗人拜伦的推崇，并说明英国浪漫主义诗歌对俄罗斯诗歌的总体影响；同时，在 20 世纪中国的外国文学翻译史上，在救亡图存的“五四”新文化运动中，革命浪漫派诗人拜伦的英雄形象和无与伦比的诗人地位，也是一个公认的事实，成为为鲁迅等先驱所关注的话题。鲁迅先生在其《摩罗诗力说》一文中，曾经论述了普希金在诗歌创作上对拜伦的模仿，体现为普希金《高加索的俘虏》和《茨冈人》对拜伦《哈罗德游记》的模仿，其中“拜伦式英雄”的形象，影响至巨，直至《欧根·奥涅金》前两章之后，才逐渐摆脱了这种影响，着力描写“祖国纯朴之民”，而且“诗材至简，而文特富丽，尔时俄之社会，情状略具于斯”。并且在客观上，“厥后外缘转变（客观环境起了变化），诗人之性格亦移，于是渐离裴伦（即拜伦）”，乃至“所作日趣于独立；而文章益妙，著述亦多”。①

如果说鲁迅的半文不白的文字在今天已和我们有点隔膜，那么，诗人王家新在《“另一个已化为青铜雕像……”》中对于普希金的认识则会让我们更加亲近。王家新这样说：

> 认识普希金，也就是认识某种诗歌传统，认识我们自己的历史和作为一个诗人的基本命运。……只要诗歌的基本历史境遇不变，由普希金和其他前辈诗人所确定下来的诗歌的基本法则、精神或元素就依然有效；只要存在着大海、爱情、忠诚与背叛，只要存在着冰雪、权力、广阔的大地和对自由的渴望，普希金就会来到我们中间！②

从“五四”以来，鲁迅、郭沫若、茅盾、郑振铎等前辈翻译和介绍普希金开始，经过后来几代人的不断努力，不断有所成就。到查良铮翻译的时候，我国的普希金译本已经不止一种，且有了一定的研究基础和规模。查良铮集中翻译普希金的主要作品，是在20世纪50年代早期和中期，包括《普希金抒情诗》（两集）、叙事诗《青铜骑士》《波尔塔瓦》《高加索的俘虏》《加甫利颂》以及诗体小说《欧根·奥涅金》，分别由多家出版社出版。此后二十年，查良

① 鲁迅：《摩罗诗力说》，载《河南》，1908年，第3号。

② 王家新：《“另一个已化为青铜雕像……”》，载《普希金与我》，孙绳武、卢永福主编，人民文学出版社，1999年，第40页。

铮继续以外国文学的翻译事业为己任，长夜孤灯，呕心沥血，在完成拜伦巨著《唐璜》的基础上，又在晚年增补修订普希金抒情诗四百余首，在诗人翻译家的身后陆续出版，遗赠后人。这里我们无暇顾及查译普希金抒情诗、叙事诗的全貌，只能拣其要者略加叙述，然后用一节篇幅聚焦于诗体小说《欧根·奥涅金》，就其译事译术，加以讨论，从中窥见查译普希金的概貌，以及我国新文学和当代文学借鉴俄罗斯古典文学之一斑。

一、普希金抒情诗的翻译与修改

普希金一生创作了八百多首抒情诗，查良铮翻译了其中的半数，可以说功劳非小。在那个可以称为翻译的时代，查译普希金为中国的诗歌爱好者提供了美好的精神食粮，其中有些已经为那一代人所广为熟悉。例如，《假如生活欺骗了你》，作为一首脍炙人口的名诗，曾经激励过整整一代中国读者。那些懂俄文的知识分子，甚至可以背诵它的原文：

Если жизнь тебя обманет,
Не печались, не сердись!
В день уныня смирись:
День веселья, верь, настанет.

Сердце в будущем живет;
Ностоящее уныло:
Все мгновенно, все пройдет;
Что пройдет, то будет мило.

假如生活欺骗了你，

不要忧郁，也不要愤慨！
不顺心时暂且克制自己，
相信吧，快乐之日就会到来。

我们的心儿憧憬着未来，
现在总是令人悲哀：
一切都是暂时的，转瞬即逝，
而那逝去的将变为可爱。

这首短诗，原作是四音步扬抑格，头四行押环抱韵，后四行押交叉韵。诗中情感真挚，口吻亲切，像一位阅历丰富的兄长在开导遭受挫折的小妹妹，字里行间充满了人情味和生活哲理。查良铮的译文明快质朴，头四行押交叉韵，后四行偶句押韵，整首诗一韵到底，每行字数不等，大致可分为四五顿，是以格律诗译格律诗的格局。在整体上，译者通过翻译艺术的巧妙补偿，保持了诗歌形式的总体和谐，传达了俄罗斯诗人健康乐观的生活态度。

普希金一生向往光明，乐观向上，《酒神之歌》是这种追求的代表作。诗中澎湃的激情难以用整齐的格律诗表达，为此采用了自由体抑扬格，诗行长短交织，笔法潇洒而奔放。查良铮的译诗同样音韵铿锵，意气昂扬，以多姿多彩的诗笔再现了诗人光彩四射的内心世界：

酒神之歌

为什么欢乐的声音喑哑了？
响起来吧！酒神的重叠的歌唱！
来呀，祝福那些爱过我们的

别人的年轻妻子，祝福柔情的姑娘！
斟吧，把这杯子斟得满满！
把定情的指环，
当啷一声响，
投到杯底去，沉入浓郁的琼浆！
让我们举手碰杯，一口气把它饮干！
祝诗神万岁！祝理性光芒万丈！
哦，燃烧吧，你神圣的太阳！
正如在上升的曙光之前，
这一盏油灯变得如此暗淡，
虚假的学识啊，你也就要暗淡、死亡，
在智慧永恒的太阳面前，
祝太阳万岁！黑暗永远隐藏！

俄罗斯的知识分子和中国知识分子所面临的命运有相似之点，那就是在历史上都有反抗暴政和黑暗，追求自由与解放的天性和天职。诗人普希金，虽然出身贵族，在政治上有保皇倾向，但他热爱俄罗斯文化传统，并由于精神的高贵和自由的天性，一生同情人民，追求光明和进步，一直伴随着当时革命的过程，尤其是赞颂十二月党人的起义，以至于被监视，被流放，乃至最后被亡命之徒在决斗中杀害。

1817 年，诗人写下著名的《自由颂》，直接触怒了沙皇，并招致迫害和流放。这首诗先是以手抄本的形式广为流传，后来发表在赫尔岑在伦敦出版的 1856 年的《北极星》上。直到 1906 年，这首诗在俄国才始得发表。它的第一节是这样地精彩：

去吧，从我的眼前滚开，

柔弱的西色拉岛的皇后！
你在哪里？对帝王的惊雷，
啊，你骄傲的自由底歌手？
来吧，把我的桂冠扯去，
把娇弱无力的竖琴打破……
我要给世人歌唱自由，
我要打击皇位上的罪恶。

读查良铮译的普希金抒情诗，我们时时能感受到诗中跳跃的激情与灵性。虽然翻译科学至今还无法使我们全部洞悉诗歌翻译隐秘的过程，但我们相信，译诗需要非凡的语言天赋，当然，还不至此。查良铮的诗人气质、开阔的视野、深厚的艺术素养和对诗歌语言的悟性，使翻译家能深入诗的世界，透彻理解原诗的内涵，表达得充分且富有诗意，让源自普希金的非凡的才华充分表露，让俄语诗歌在汉语的精彩体现中获得第二次生命。

于是思潮在脑中大胆地波动，
轻快的韵律驾着它的波涛跑开；
啊，手忙着去就笔，笔忙着去就纸，
一刹那间——诗章已滔滔地流出来。

这是《秋》中的一节。诗中思绪、韵律、手和笔、笔和纸，一直到诗如泉涌，环环相扣，一气呵成，生动地展现了诗人的创作过程。我们设想，在查良铮的翻译中，一定也会出现类似的情况，出现思绪奔涌，难以遏止的激动人心的瞬间，那就是翻译过程中的“高峰体验”。

大家知道,查良铮翻译俄罗斯诗歌是在20世纪50和60年代,而后来他一直在不断地修改和增添,到了1976年,当他已经持续了多年艰苦的努力,终于完成了《唐璜》的翻译后,又转过头来,拖着伤病之躯,集中修改普希金抒情诗的译稿。

1976年4月到6月之间,查良铮在给朋友的信中几次写到修改普希金抒情诗的情况。下面引用其中的几段:

> 我在这期间投入一种工作,每天校改普希金抒情诗,因为我觉得过去弄得草率,现在有条件精益求精;至今我已重抄改好的诗,大约有五百首(有印的有未印的),以备将来有用的一天。[1]

关于具体的修改情况,诗人说,他原打算搞两年完成,实际上只用了两个月就完成了。还有,关于翻译的策略,是否要修改,也已有所体现。1976年6月15日在给孙志鸣的信中,诗人说:

> 这两个多月,我一头扎进了普希金,悠游于他的诗中,忘了世界似的,搞了一阵,结果,原以为搞两年吧,不料至今才两个多月,就弄得差不多了,实在也出乎意料。……我是做了大幅度的改修,力求每行押韵,例如,《寄西伯利亚》一诗,原来韵脚很勉强,又是二、四行韵,一、三行无韵,现在我改成都押韵,而且取消那种勉强状态。可是是否在流畅上还保持了原来的程度?抄下来你看看,说说你的看法。[2]

---

① 查良铮:《致郭保卫的信》(十一),载《蛇的诱惑》,曹元勇编,珠海出版社,1997年,第239页。

② 《穆旦诗文集》(第2卷),人民文学出版社,2006年,第237页。

信后附有这首改好的《寄西伯利亚》(后来收录在《普希金抒情诗选》(上、下),江苏人民出版社,1982 年)。我们在这里再附上初译稿,以供比较,看看译者如何推敲修改,达到了精益求精。

寄西伯利亚

在西伯利亚的矿坑深处,
请把高傲的忍耐置于心中;
你们辛酸的工作不白受苦,
崇高理想的追求不会落空。

灾难的忠实姐妹——希望
在幽暗的地下鼓舞人心,
她将把勇气和欢乐激扬:
渴盼的日子就要降临。

爱情和友谊将会穿过
幽暗的铁门,向你们传送,
一如我的自由的高歌
传到了你们苦役的洞中。

沉重的枷锁将被打掉,
牢狱会崩塌——而在门口
自由将欢笑地把你们拥抱,
弟兄们把利剑交到你们手。

初译稿：

寄西伯利亚

在西伯利亚的矿坑深处，
请坚持你们高傲的容忍；
这辛酸的劳苦并非徒然，
你们崇高的理想不会落空。

“灾难”的姐妹——“希望”
正在幽暗的地下潜行，
她将给带来幸福和勇气；
渴盼的日子就要降临。

爱情和友谊将会穿过
幽暗的铁门，向你们伸出手，
一如朝向你们苦役的洞穴
我自由的歌声缓缓迸流。

沉重的枷锁会被打断，
牢狱会颠覆——而在门口
自由将欢笑地把你们拥抱，
弟兄们把利剑交到你们手。①

译诗和写诗不一样。写诗要注意保持创作的激情和笔势的

① 〔俄〕普希金：《普希金抒情诗集》，查良铮译，平明出版社，1955年。

发挥，而译诗则不妨在文字上雕琢修饰以精益求精。从以上的修改中不难看出，诗人翻译家查良铮先生的译诗很讲究，而改诗也不马虎。大体说来，在音韵层面上，能够发现和改正押韵草率、不够严谨的缺陷，力求再现原作格律诗的和谐形式与优美的音乐性。在语言层面上，锤炼词句，调整词序，减少跨行，避免句式过分“洋化”，力求更合乎汉语表达的规范化要求。在文化层面上，重视区分俄罗斯民族文化与中国文化的不同内涵，力戒不同文化观念的混淆，从而克服过分“归化”的现象。

饶有兴趣的是，在《寄西伯利亚》初译发表以后，查良铮并没有觉得大功告成，而是写了一篇专论《普希金〈寄西伯利亚〉》（当然用的是初译稿），发表在《语文学习》1957 年 7 月号上。文章交代了这首诗的写作背景：1825 年 12 月 14 日俄国十二月党人举行起义，不久即惨遭沙皇镇压，“为首的五人绞死，一百二十人流放到西伯利亚去做苦工”。当时，诗人普希金不在暴动现场，正在北方度过他第二次流放岁月，但他写于 1821 年的《短剑》曾是鼓舞党人起义的武器。1827 年初，诗人写了《寄西伯利亚》并托人把这首诗带到西伯利亚的矿井里给做苦工的革命者。文章不仅详细分析了这首诗的艺术特点和思想内涵，而且为了突出说明其地位，翻译家还建议中国读者对照阅读《短剑》和《自由颂》（1817），并认为，相比之下，普希金的《寄西伯利亚》，无论在思想还是在艺术上都更为成熟。

我们不禁感慨：在中国现代和当代翻译文学史上，能像诗人翻译家查良铮那样，坚持数年不断修改译作，而且又能通过写文章等手段，对读者进行阅读引导的负责任的译者，实在是难能可贵。更有兴趣的是，当我们沿着诗人翻译家提供的线索，在《普希金抒情诗选〈上〉》中查找《短剑》时，竟然发现，它的译名是《匕首》，也许翻译家想起了鲁迅的“匕首”和“投枪”了吧。作为负责任的传记作者，请允许笔者在此附上这首初译的《匕首》的前三节，以见全貌：

林诺斯的大神把你锻铸，
只为了不死的复仇女神使唤；
自由底秘密守卫啊，你可以惩处，
你是对耻辱和冤仇的最后的裁判。

如果宙斯的雷不响，法理的剑也睡了，
你就是把诅咒和希望付与实现的人，
你潜伏在皇座的周遭，
灿烂的华服里也能寄身。

你沉默的刀锋对着恶人的眼睛直射，
有如地狱的冷光，有如天神的电闪，
而他呢，左右环顾，颤栗着，
在宴饮之中坐立不安。

二、《献辞》与长篇叙事诗的翻译原则

普希金一生创作了十四部长篇叙事诗，查良铮翻译了其中的九部，在五部没有翻译的叙事诗中，《瓦吉姆》和《叶泽尔斯基》是普希金没有写完的诗稿。除了早期的《鲁斯兰和柳德米拉》和《茨冈人》以外，可以说查良铮基本上译完了普希金最重要的长诗。

叙事诗不同于抒情诗，有自己的结构和功能，更加靠近叙事而不是抒情。普希金的叙事诗属于古典型的叙事方式，往往以献辞开始，甚至在献辞之前还有题记，在分章的正文之后，还会有尾声或结语。整个的诗作则是讲故事形式的，当然，其中也可以穿插抒情和评论的笔调，以收生动活泼之效果。这种结构和语言特点，要求译者要有灵活多变的文笔和高超精湛的翻译技能。这里且引一节《高加索的俘虏》中的《献辞》，以见出查良铮的译笔和与诗人相通的心灵：

献辞

给 H. H. 拉耶夫斯基

请你笑纳吧，我的朋友，
这自由的缪斯的赠与：
我献给你的是流亡的琴弦的歌
和我的灵感的游戏。
这一向，我郁郁地忍受无故的中伤，
从四面八方，我听到人们的窃窃私议，
无论是背信小人的冷箭
还是爱情的沉重的梦幻，
都使我痛苦而又麻痹；
但只有靠近你，我才得到一些慰藉。
我们彼此敬爱——我从心里感到安恬：
我头上的风暴在这里失去了威严，
在你平静的港湾里，我感激上帝。
……
祖国在慈祥地拥抱你：为了祖国
你牺牲了一切，你是希望的忠实的花朵。
而我，很早便尝到忧患，不断受着迫害，
我作了诽谤和愚蠢的报复的祭品；
但是，我的心却为自由和忍耐所坚定：
我坦然遥望美好的未来，
而暂时，朋友们的快乐
也可以宽慰我的胸怀。①

① 《普希金叙事诗选》，见《穆旦译文集》（第 5 卷），人民文学出版社，2005 年，第 293—294 页。

关于叙事诗的翻译，因为篇幅的限制，我们不打算涉及具体的内容。1985 年四川文艺出版社出版的查译《普希金叙事诗选集》，后面附有译者精心撰写的一篇论文《关于译文韵脚的说明》。这里只想利用查良铮这篇十分重要的文章，以回答诗人翻译家如何理解和处理长诗形式的问题。文字较长，但很系统，颇具代表性，兹引录如下：

关于译文韵脚的说明

普希金的叙事诗是很严谨的格律诗，要把它译成我国的新诗，对译者立刻产生一个困难的问题。由于我们的新诗还没有建立起格律来，译者没有一定的式样可以遵循，这迫使他不得不杜撰出一些简便可行的、而又类似格式的临时的原则，以便他的译文有适当的规律性。

这里，译者愿意仅就本书的韵脚加以说明。在段落很长的叙事诗中使用韵的时候译者的考虑是：(一)不能每行都有韵；因为如果要每行都有韵，势必使译文艰涩难行，文辞不畅，甚至因韵害意，反而不美。而且，我国律诗的传统，和西洋诗不同：行行都韵似乎不是我们的习惯。(二)要避免单调。无论双行韵，或隔行韵，如果在长篇叙事诗中一成不变地使用下去，定会给人以单调之感。

因此，本书采用了双行韵和隔行韵混合交错的样式。它的好处是：(一)译者可以相当自由地选择词句，不过分受韵脚的限制；而另一方面，(二)仍是处处有韵脚的链锁：在任何相连的两行诗中，必然至少有一行是和或前或后的一行(也许是和它邻近的一行；也许是隔开的一行)押着韵的。这样，我们读起来时，会感到有连续不断的韵贯穿着全篇。(三)没有呆板或单调之感；因为韵的出现富于变化，有些地方近似一种“意外的巧合”，有助于阅读的快感。

另外，译者给自己规定一个禁条，就是不准相连的三行诗同韵，只准相连的两行同韵。如果竟而多出韵来，那就是“跑韵”了，那是不美的，应该避免。

这里的韵脚有些押得很勉强，很模糊，这一方面固然由于译者的思虑不够周详，但另一方面，恐怕也是白话诗所不易避免的现象，有其在语言本质上的困难：因为有很多个字，和它们准确押韵的可能性本来就是很少的。但关于这，译者不想在此多作解释了。①

三、多方重现《奥涅金》精神

《欧根·奥涅金》是普希金的代表作，也是诗人普希金最得意的作品，也是耗时最长的一部艺术品。按照苏联专家的意见，即20世纪50年代苏联文艺界以社会主义现实主义观点为基础的认识，《欧根·奥涅金》是这样一部作品：

> 诗体长篇小说《欧根·奥涅金》的写作费时八年以上。一八二三年五月，普希金在比萨拉比亚开始动笔，到一八三〇年的秋天，在波尔金诺村才将它写完。一八三一年的秋天他修订并补充了最后一章。
>
> 欧根·奥涅金像是一面镜子，反映了俄国人民解放斗争的重要阶段之一——即一八二五年十二月十四日的暴动为结束的贵族革命运动时期。这一篇小说的情节正是贯穿了

① 《穆旦译文集》(第5卷)，人民文学出版社，2005年，第495—496页。

从一八一九年到一八二五年的一段时期。[①]

虽然我们不完全赞同仅仅从革命和历史的角度来分析一部文学作品，但《欧根·奥涅金》在俄罗斯文学史上占有无可替代的重要地位，在国际上也享有崇高的声誉并产生了广泛的影响，却是毋庸置疑的。事实上，主人公奥涅金并不是十二月党人，而是一位贵族青年，他成天出入于上流社交场合，混迹于社会显达之间，过着空虚而虚荣的生活。然而可贵的是：他不仅天资聪慧，富于同情心，而且看透了上流社会的浮华和腐化，体验了利己主义的内心痛苦。所以，别林斯基说他是“痛苦的利己主义者”。虽然奥涅金的形象尚未归入那个时代及其后来的“忏悔的贵族”形象系列，进入俄罗斯文学史（这里有陀思妥耶夫斯基笔下的“地下室人”，托尔斯泰笔下的一系列形象，如《一个地主的早晨》中的聂赫留道夫、《战争与和平》中的安德烈·皮埃尔、《安娜·卡列尼娜》中的列文等），但普希金的这部诗体小说，却形象而生动地刻画和描写了贵族式知识分子这样的人物及其真切的内心体验。

请看我们的主人公如何出场（第一章第21节）：

全场在鼓掌。奥涅金进来
碰着人脚，从雅座穿着走，
他用高倍望远镜一排排
瞟着包厢中不相识的闺秀；
层层的楼厢无一不打量。
一切：女人的容颜、首饰、装束，

① A. 斯罗尼姆斯基：《关于〈欧根·奥涅金〉》，见《穆旦译文集》（第5卷），人民文学出版社，2005年，第283页。

> 都使他感到可怕的失望，
> 这才和男人点头招呼；
> 和熟人寒暄已毕，他的视线
> 最后懒懒地落到舞台上。
> 接着扭转身，打了个呵欠，
> 喃喃说："怎么还不换换花样？
> 我早就腻了芭蕾舞，我的天！
> 就是狄德娄也令人厌倦。"

也许这里需要提及的是：俄罗斯知识分子群体是由贵族知识分子和平民知识分子两部分构成的，从贵族到平民出身的知识分子在历史上的作用，其重要性也有先后相继的顺序移位，所以贵族知识分子的忏悔形象要出现在"多余人"形象之后。事实上，在俄罗斯文学史的辉煌画卷之中，普希金创作《欧根·奥涅金》的巨大的形象学意义，恰恰在于他首次创造了典型的"多余人"形象。这一形象可以说深刻地影响了后来的几代作家，总体而言，可以建构出一个不小的家族。

> 奥涅金是俄国文学史上第一个"多余的人"的形象。在《叶甫盖尼·奥涅金》出版20年后，作为文学评论家的赫尔岑把奥涅金的形象定义为"多余的人"。后来被列入这一形象之列的有莱蒙托夫笔下的毕巧林，赫尔岑笔下的别里托夫，屠格涅夫笔下的罗亭等，屠格涅夫还创作了《多余的人日记》。①

达吉亚娜是与奥涅金相对的另一类形象。她是美丽的少女（虽然有一个不太起眼的名字），天真纯洁，热爱大自然，也热爱自

① 张建华：《俄国知识分子思想史导论》，商务印书馆，2008年，第70—71页。

己的奶妈，尤其爱唱歌和听故事。所以，和奥涅金代表奢华的贵族相比，达吉亚娜则代表朴实的民间，甚至有人这样说，她有一个“俄罗斯的灵魂”。

1975年，西尼亚夫斯基在伦敦出版了他的《与普希金散步》，引起了轩然大波。这本小小的随笔，是流亡国外的俄国侨民文学的一个典型，作者试图用一种轻松的笔调，写出对普希金的新的认识，不是仰视这位俄罗斯伟大诗人，而是与其并肩散步，获得平等的权利和平视的机会。其中的观点尤多，不能一一列举，仅摘引他关于达吉亚娜对于诗人普希金的亲密关系——一节笔调不无调侃但却发人深思的文字：

> 除了是奥涅金不走运的女伴、将军冷血的妻子之外，她还是普希金的私人缪斯，她比其他女人都更好地扮演了这一角色。我甚至认为，正由于这个原因，她才没有与奥涅金结合，她坚守着对她并不爱的丈夫的忠诚，是为了有更多的自由时间去反复阅读普希金，为普希金而愁苦。这就是说，普希金将她留给了自己！①

下面一个诗节（第三章第21节），是作品中有代表性的诗节，不仅写了达吉亚娜和奶妈的亲密关系，而且写了少女爱情的萌发。

> 达吉亚娜对着月亮凝视，
> 心神飞到了缥缈的远方……
> 突然，心里闪过一个意思……
> “奶妈，我要笔和纸张，

① 转引自刘文飞：《文学魔方：二十世纪的俄罗斯文学》，中国社会科学出版社，2004年，第183页。

> 把桌子挪近些，你就回屋，
> 我要呆一会，然后再躺下，
> 晚安，奶妈。”于是，一人独处，
> 西周静悄悄，我的达吉亚娜
> 用肘支着身子，在月光下
> 一面写，一面想到奥涅金。
> 这封坦率的信，每句话
> 都流露着纯洁少女的爱情。
> 信写好了，也折好了……请问：
> 唉，姑娘，你要发给哪个人？

从以上引述的片段译文不难看出，诗人翻译家查良铮成功地翻译了这部名著，因为这是查先生最为器重的一部作品。他在1957年由新文艺出版社出版了《欧根·奥涅金》译本以后，就在当年《文艺学习》1957年第7期上发表了《漫谈〈欧根·奥涅金〉》的文章，表达了自己对这部作品的基本认识。

> 普希金从二十四岁起，开始写作《欧根·奥涅金》，到三十一二岁写完了它。这正是诗人生命力最旺盛的时期。因此，读者一打开这部作品，首先得到的印象就是它那蓬勃的生命，仿佛是打开了一瓶香槟酒，泡沫奔腾，芳香四溢。诗人尽量把自己解放出来，喜怒笑骂，沉思与低回，泼辣与忏悔，顽皮的诙谐和严肃的悲哀混在一起，简直让读者如入人间仙境，美不胜收。可以说，我们的情感在读任何作品时，都不像在这里似的，发挥得如此淋漓尽致。①

---

① 查良铮：《漫谈〈欧根·奥涅金〉》，见《穆旦诗文集》（第2卷），人民文学出版社，2006年，第95页。

一个值得注意的巧合，就是查良铮翻译《欧根·奥涅金》的时候，也是正值青春年少，思想活跃，文笔酣畅的时候，和普希金当年创作《欧根·奥涅金》属于人生同一时期。这应当说是一件好事，应和了两位诗人在阅历和气质上的相似。更何况译者对于文学作品的翻译，并非仅仅凭借天资和智慧，而是从认真的学术研究开始的。

查良铮经过仔细研究，认为《欧根·奥涅金》之所以具有永恒的艺术魅力，部分的原因在于这部作品的结构。这部诗体小说的素材大致可分为故事主体和抒情插话两部分。其中故事情节是核心，讲述达吉亚娜如何爱上了奥涅金而被拒绝，中间穿插奥涅金与连斯基的决斗以及连斯基的死亡，以后又是奥涅金如何向达吉亚娜表达爱意而被拒绝。整个说来，这是一个哀婉的爱情故事，而围绕这个故事，诗人写出了很多旁白，在很多地方现身说法，议论，抒情，感慨，回忆，调侃，讽刺，有些诗节涉及故事，有些似乎与故事无关。也许正是这些“题外话”大大扩充了小说的轮廓，丰富了它的内容，因此，别林斯基赞誉这部作品是“俄国生活的百科全书”。

查良铮还分析了普希金为什么会采用这样的写法。如前所述，普希金创作《欧根·奥涅金》，于1823年动笔，1830年结束，历经八年之久，而这段时间诗人的创作逐渐由浪漫主义向现实主义转变，甚至囊括了各种复杂的写法，导致了诗人由诗歌创作向散文写作的转变。其间，诗人的现实感不断增强，他不再满足于写浪漫的爱情故事，而是借助更加广阔的社会生活，表达对生活的复杂态度，因此，作者采用了抒情插笔——幽默、轻松、嘲讽的旁白。普希金巧妙而艺术地把故事与旁白结合起来，使各种因素达到了艺术上的奇妙融合，进入了更高一级的和谐境界。

它是“诗”的生活与“散文”生活的融会，浪漫主义与现实

> 主义的融会；是在生活中揉进了美，而又并无美化生活的谎言；是在现实的土壤上对生活所可能达到的最美的认识；是“清醒”与“诗意”的结合。而这一切，是只能由所谓“自由体”的小说，由外在形式的“诗体小说”表达出来的。是这样“两重性”的内容，才有这样“两重性”的形式（既诗意而又散文化的小说）。这部小说的内容与形式的配合，由此看来，实在是密切无间的。①

基于对原作这样深刻的理解，译者首先紧扣原作的主题，注意把握作品的基调，注重人物的刻画和性格描写。例如，作品虽然写了奥涅金的上流社会的生活方式和花花公子的习惯，但同时也写了他的厌倦和不安于现状的叛逆心态。在这个意义上，第八章46节达吉亚娜对奥涅金倾诉的一段肺腑之言，便具有了这样深刻的思想意义。在查良铮的笔下，这一节诗译得语言朴实，亲切感人：

> 对于我，奥涅金，这种豪华，
> 这种可厌的生活的浮夸，
> 这富贵场中对我的推重，
> 这些晚会和这漂亮的家，
> 它们算得什么？这时，我宁愿
> 抛弃这场褴褛的化装表演，
> 这一切荣华、喧嚣和烟尘，
> 为了那一架书、那郊野的花园

① 查良铮：《漫谈〈欧根·奥涅金〉》，见《穆旦诗文集》（第2卷），人民文学出版社，2006年，第101—102页。

和我们那乡间小小的住所，
我宁愿仍旧是那个地方：
奥涅金，我们在那里初次相见；
我愿意看到那荒凉的墓场：
那里，一个十字架，一片树阴
正在覆盖着我的奶娘……

这段主人公的心理独白，文字朴实无华，情感真挚，真实地展现了达吉亚娜的内心世界和高贵品格。此时，她虽然置身于上流社会，是人人敬仰的显赫的贵族夫人，她所珍惜的依然是纯真的青春年华，是她和奥涅金初次相见的地方。联系到下一节诗的内容（下一节的引文放在括号里），在她的心底依然珍藏着初恋的情感，她对此毫不掩饰（“我虽然爱您（又何必说谎？）”）。但她拒绝了奥涅金的追求（“我请求你——立刻离开我”），不仅因为她忠实于丈夫（“我将要一世对他忠贞”），而且始终怀念乡间的大自然，怀念质朴善良的奶娘。这一节译文译得恰当得体，贴切自然，既符合人物说话的口吻，又表现了她的坚贞品性，达到了很高的艺术境界。

这里有必要说明一下《欧根·奥涅金》的整个结构。在第八章的第 48 节，以及后面的两节，一直到第 51 节，当奥涅金和达吉亚娜分手以后，作品基本上也就接近尾声了。为了保持作品的完整，第九章《奥涅金的旅行》只是作为断章刊登（事实上，取消了章次）。而最后一章，即第十章，则是经诗人手稿焚毁以后留下的残片。这样，作品名义上还保持了十章的体制，可实际上，只有八章内容是完整的。

为了保持这种形式上的完整性，也为了反映作品的原貌和创作过程，查译本附有这样几节文字，在这里加以摘要引证：

《欧根·奥涅金》的最后一章是单独发表的，曾附有如下的一段序言：

“这些略去的诗节不止一次（而且是完全正确地、机智地）受到人们的责难和嘲笑。作者愿意坦白地承认：他从这本小说里抽去了整整一章，就是描写奥涅金旅行的一章。他本可以用虚点和数字来标明这省略的一章，但为了避免予人口实，他想最好还是把‘第九章’这个数字取消，把《欧根·奥涅金》的最后一章称为第八章，并且取消结尾中的这一节：

是时候了，笔要求休息，
我已经写完了第九支歌；
是这第九个浪头推送
我的小船靠了岸，我欢乐——
我歌颂你们，九位诗神……”①

引文的最后一节小诗给我们一个暗示：这种古典类型的写法包含了一个作者或诗人的叙述与评论的角度。就《欧根·奥涅金》的叙事手法而言，诗人作为叙事者和评价者的身份会时不时地流露出来，甚至在关键的时候亲自出场，指点江山，评价人物。这样自由的写法，或称为抒情性插笔，或抒情，或回忆，或感慨，或议论，或嘲讽，或抨击，从而极大地扩展了作品的内涵，增强了作品的时代感和表现力，进而大大地扩充了作品的叙事空间，发挥了作者操控作品的自由度。同样，在翻译上，这些地方人物语气的变化，讥讽、调侃、赞赏、厌恶，都得符合身份，掌握分寸。试看查译《欧根·奥涅金》笔下诗人的语言如何狂放、活泼、跳跃，

---

① 见《穆旦译文集》（第5卷），人民文学出版社，2005年，第254页。

一如李白笔下的《将进酒》：

尽情享受吧，我的朋友，
趁生命的美酒尚在唇边！
它是一个泡影，飘浮不久，
我对它从没有什么留恋；
(第二章 39 节)

忽而又转向低沉、冷静，充满傲慢和不屑：

只要谁生活过，又能想一想，
他就会冷冷地蔑视世人，
只要谁有感情，过去的幻象
怎能不烦扰他的心神。
(第一章 46 节)

按照当时俄国上流社会的规矩，决斗是一种解决男子之间争端的有效方式。《欧根·奥涅金》第六章第 28 节，描写了奥涅金和连斯基即将进行的决斗的紧张场面，同时，插入了叙述人严肃的议论和评判的言辞：

……他们不言不语
给彼此预备了残酷的死亡……
呵，当他们的手还没有染上
彼此的血，难道他们不能
笑一笑，重新言归于好？……
但上流人物都重视虚荣，

在争吵上最怕人耻笑。

（第六章 28 节）

两个年轻朋友因一时冲动而反目成仇，甚至拔枪相向，结果不言而喻，这让诗人深深地感到惋惜。他知道：正是上流社会爱慕虚荣的陋习把奥涅金和连斯基推上了决斗的生死线。可谁又能想到，这种看似文明实际上隐藏着虚荣和暴力的游戏，对于诗人普希金自己的最终归宿，却成了一种不幸而言中的宿命。

自然，对于人类的命运和人性的弱点，诗人也不会置之不理。他借助《圣经》神话，将人间的戏剧和天上的戏剧相比照，发出了语重心长的警世之音。与此同时，作品的主题却大大地深化了，其艺术表现力也大大地增强了：

呵，世俗的人！你们就像
你们原始的妈妈：夏娃。
凡是到手的，你们就不稀罕；
反而是那条蛇的召唤
和神秘的树，使你们向往：
去吧，去吃那一颗禁果——
不然的话，天堂也不是天堂！

（第八章 27 节）

最后，说明一下译作的注释问题。有无严格而合适的注释，是研究性翻译与一般翻译的区别之一。正文之外，作为必要的补充内容，查译《欧根·奥涅金》附有 44 条注释，有的长达一页，足见译者的考证之细，探究之密。

大体说来，这些注释可以归出如下的类别：

1. 作品有关语言难点的解释。

2.作者创作的时间或地点的补充。

3.作品中涉及有关内容的出处和版次变动。

4.作品中所涉及的地点、人物等需要说明的信息。

5.作品涉及的俄国及他国风俗习惯及名物的解释和说明。

6.作品涉及的文史哲名著及著名作家、思想家等的注释。

7.涉及世人对于作品有些地方的批评性意见的引述和评论。

8.创作手法,以及由此作品引起联想的其他作品的片段的翻译和说明。

四、不断逼近"奥涅金诗节"

诗体长篇小说《欧根·奥涅金》以"奥涅金诗节"而著称。整部小说除了献词,第三章达吉亚娜给奥涅金的信和一首民歌,第八章奥涅金给达吉亚娜的信以外,全书十章四百二十余节都用奥涅金诗节写成,属于严谨的格律诗。在形式上,奥涅金诗节借鉴了西方十四行诗的韵律,但与意大利彼得拉克十四行诗、英国斯宾塞以及莎士比亚十四行诗的格律都有所不同。彼得拉克体前八行韵式为abba abba,即押两个环抱韵,后六行有三种韵式:其一为cdecde,其二为cdeedc,其三为cdcdcd。斯宾塞体由三组四行诗和一个对句构成,尾韵格式为abab bcbc cdcd ee。莎士比亚体前十二行尾韵包含三组交叉韵abab cdcd efef,最后两行为对韵gg。翻译家谷羽先生认为,普希金的"奥涅金诗节"包容了最常见的三种韵式,即开头四行押交叉韵abab,五至八行押相邻韵ccdd,九至十二行押环抱韵effe,最后两行押对韵gg。奥涅金诗节采用四音步抑扬格,即每行包含四个音步,每音步由两个音节构成,重音落在第二个音节,形成先抑后扬、不断波动起伏的韵律,虽然每行都是四音步,但又有阴性韵与阳性韵的穿插,音调较为舒缓;阳性韵重音则落在行末最后一个音节上,声调显得刚劲有力。关于将“奥涅金诗节”翻译成汉语的困难，译界早有论述：

> 把这种格式进行汉译具有相当的难度，因为与汉语不同，俄语有变格、变位以及式、态的变化，所以开拓新的未曾使用的韵脚的可能性很大，不像汉语只有固定的十三个韵辙。因此要用汉语相对有限的韵来译俄语变化丰富的韵，难度太大。另外诗节内部的句子的划分并不总是与三个四行诗和一个两行诗的划分相吻合。有时一个句子会很巧妙地从一个四行诗延续到另一个四行诗，甚至从一个诗节跨入另一个诗节，以适应小说情节发展的需要，这也增加了翻译的难度。①

查译《欧根·奥涅金》，正文之后附有苏联专家斯罗尼姆斯基的文章《关于欧根·奥涅金》的摘译。文章在强调这部杰作的音乐性的和谐以及语言的明朗单纯的同时，引用了第五章第2节的原文作例证，说明奥涅金诗节的特征。现略加贯通和变通，表示如下：

Зима!.. Крестьянин, торжествуя,　（甲甲）
На дровнях обновляет путь;　（乙）
Его лошадка, снег почуя,　（甲甲）
Плетется рысью как—нибуть;　（乙）
Бразды пушистые взрывая,　（丙丙）
Летит кибитка удалая;　（丙丙）
Ямщик сидит на облучке.　（丁）

---

① 杨怀玉：《〈叶甫盖尼·奥涅金〉在中国》，载《普希金与中国》，张铁夫主编，岳麓书社，2000年，第261页。

В тулупе, в красном кушаке　　　　（丁）
Вот бегает дворовый мальчик,　　　（戊戊）
В салазки жучку посадив,　　　　　（己）
Себя в коня преобразив;　　　　　（己）
Шалун уж заморозил пальчик:　　　（戊戊）
Ему и больно и смешно,　　　　　（庚）
А мать грозит ему в окно...　　　　（庚）

查良铮先生用叠字标志阴性韵，用单字标志阳性韵，并且指明头四行押交叉韵，下面四行是双行韵，再下面四行两头押韵，中间是双行韵（现在的说法是环抱韵），最后两行是双行韵。显然，查先生对奥涅金诗节有清醒的认识。他在初版译后记中写道：

> 《欧根·奥涅金》是很严谨的格律诗，如果译诗没有整齐的韵律，则不能传达原诗的美。而另一方面，原诗又是异常流畅、富于旋律、和“恰到好处”的语言，如果译诗不能同样流畅、富于旋律、和“恰到好处”，只斤斤于凑上、押上韵脚，这也会大大损害原诗的风格。因此，译者为了两面都能兼顾，决定不要被韵脚捆得太紧——就是说，要用相当稀疏而整齐的韵脚，不必像原诗似的行行都押韵。①

为此，译者决定采取如下的基本韵脚形式：十四行的诗节照惯例可分为前八行和后六行。在前八行中，第二、四行同韵，第六、八行同韵。后六行又分两部分，或为“四、二”（或二、四），或为“三、三”。在“四、二”的情形下，第二、四行同韵，第五、六行同韵

① 普希金：《欧根·奥涅金》，查良铮译，上海，平明出版社，1954年。

(或隔韵)。若为"三、三",则每三行中,必有任何两行同韵,但最后一行总是要它押着韵的。这是贯穿在全篇中的基本韵脚的形式。在基本韵脚之外,有时候读者还会看到有附加的韵脚。译者觉得附加的韵脚有助于诗的音乐性,故不愿舍弃。但避免相连的三行同韵。

查良铮翻译的《欧根·奥涅金》,形式上比较接近莎士比亚十四行诗,韵脚常采用 abab cdcd efef gg 的方式,每行大都十一个字左右,大致分为四顿,以对应原作的四音步,让我们看一看第三章第 7 节:

达吉亚娜听到这些流言,	a
很感到气愤;不过私下	b
却有一种难以解脱的快感	a
使她不知不觉地老想到它。	b
她的心里有什么在滋生,	c
好像一颗种子,埋在土中,	d
春日的和煦给了它生命:	c
呵,是时候了——她感到爱情。	d
很久以来,她的幻想蓬勃,	e
她做着惆怅而柔情的梦,	f
渴望去尝试那一枚苦果;	e
很久以来,她少女的胸中	f
就已积压着情愫和郁闷,	g
她在期待着……某一个人。	g

综上所述,应当说,查良铮先生的翻译已经非常接近"奥涅金诗节"的完整形式了。就他的翻译能力而论,也能严格地按照"奥

涅金诗节”进行翻译。不过，他考虑到中西诗歌的传统差异，以及按照美学上一种习惯的要求，同时也想在音韵方面享有一定程度的自由，以便确保韵律以外其他因素包括语义和音乐因素的综合效应。这样的一种总体的设计，使得查译《欧根·奥涅金》在音韵效果上，就只能逼近“奥涅金诗节”，而不是完全再现“奥涅金诗节”。尽管如此，靠着诗人翻译家这种坚持不懈的执着的精神，保证了他的译本在艺术水平和审美价值上达到了一个新的高度。

> 查良铮先生以他的一颗诗心获得了如此丰富而复杂的感受。他对诗体小说的外部形式是诗意与散文化内在结合后的外化表现这一点的理解也很有深意。作为普希金作品的译者，查先生成为他最好的读者，最亲切的同情者，也是他的最深刻的解说者。在深刻把握原创者的精神的基础之上，查先生以诗人的才情，以高度娴熟的技巧驾驭语言，大胆地用新的方式震撼它、磨练它、使它重新处于活跃、开放的状态。查译最大的特点是用词准确、贴切、通顺、柔和，既有必要的通俗又力求与汉语习惯吻合。无论写景、对话、陈述、抒情、议论都恰如其分，没有闲词、浮词，也没有不文不白的生僻词语，很接近普希金简洁明快、生动优美的语言风格。①

然而，查译《欧根·奥涅金》并没有就此止步。晚年的查良铮，利用有限的时间，甚至受伤生病的余闲，对《欧根·奥涅金》进行了精心的修改。这也是翻译家不断接近原作精神和达到理想译文的必由之路。这样，1954 年平明出版社的版本，经过了 1957

① 杨怀玉：《〈叶甫盖尼·奥涅金〉在中国》，载《普希金与中国》，张铁夫主编，岳麓书社，2000 年，第 268 页。

年新文艺出版社的版本,就成为 1983 年四川人民出版社的修订本了。修改的内容不仅包括调整音韵,使得音韵的和谐与韵脚的设置更加合理、理想,而且进一步规范了节奏,吻合了总体格律的要求,使诗句更趋凝练,更有表现力。《欧根·奥涅金》共有四百二十多个诗节,译者修改译稿究竟需要投入多少心血和精力,可以想象。但十分可惜的是,这一任务没有完成。由于查良铮腿部受伤,当时医疗条件的限制,拖延了手术,而且在手术前夕,心脏病突发,抢救无效,不幸逝世。由于这一突然的事故,彻底终止了长诗《奥涅金》的修改,致使一部杰作留下前后不统一的遗憾。

根据孙剑平先生的分析,《欧根·奥涅金》前四章"按照他设计的四种押韵形式,做到每行都押韵,而且诗行整齐、节奏鲜明、语言优美,读起来如行云流水,朗朗上口,耐人寻味"。但是,"从第五章第 2 节起,他一反前四章的译法,改为他在翻译其他长诗中惯用的,虽较原文稀疏,却仍有韵脚连锁的译法,即每四行中,至少必有两行是有韵的。这样一来,在后四章里,每个诗节中都有 3 至 5 个无韵的诗行。这样做译者选词的灵活性固然是增大了……译文语言仍旧优美、生动,吟诵起来却明显不及前四章那样诗味浓郁。"[①]笔者查对了人民文学出版社 2005 年版《穆旦译文集》(第 5 卷)的译文,发现与孙剑平先生的结论是吻合的。这就是说,查良铮的最后修改本,基本上完成了一半就被迫终止了。

在查良铮身后,中国大陆的译坛上,追随"奥涅金诗节"的脚步并没有停止。

根据谷羽先生的调查,普希金的诗体小说《叶甫盖尼·奥涅金》,查译并非是我国第一个译本,也不是唯一的译本。迄今为

① 剑平:《查良铮先生的诗歌翻译艺术——纪念查良铮先生逝世三十周年》,载《国外文学》2007 年第 1 期,第 61 页。

止，在我国已先后出版了15个译本。它们的分布情况是：20世纪出版了12部，其中40年代2部，50年代1部，70年代1部，80年代3部，90年代出版了5部；2000年以后陆续出版了3部。追述这一过程并非纯粹是说明查译本的重要性，而是带有单个作品译介史的研究性质。

摘其要者，与查译并行的还有三个比较重要的译本。第一个中文全译本《奥尼金》，1942年9月由桂林丝文出版社出版，译者甦夫（本名冯剑南）。这个初译本是依据1931年莫斯科出版的世界语译本转译的，并参考了米川正夫的日语译本。基本上属于转译性作品，但有其开创之功。

第一个依据普希金原著，直接译自俄语的译本《欧根·奥涅金》，1944年2月由重庆希望社出版。译者吕荧于1941年毕业留校任教西南联大后，同年冬天即开始翻译《奥涅金》，并得到了俄罗斯人葛邦福教授的指点和帮助。吕荧的译本以后经过修改，于1950年由上海海燕书店出版，1954年由人民文学出版社出版，并更名为《叶甫盖尼·奥涅金》。译文朴素、流畅，但以无韵自由体翻译格律诗，有散文化的缺憾。

查良铮翻译的《欧根·奥涅金》是第一个以诗译诗、重视传达原作形式和音韵的译本，于1954年10月由平明出版社出版，1957年新文艺出版社出了修订版。查良铮依据俄文进行翻译，同时参考了英文和德文译本。查译的最大特色是力求保存诗的活泼生命和艺术审美价值，译文富有诗意，语言流畅洗练，节奏和谐，音韵格律接近"奥涅金诗节"。这个译本后来又经修订，在穆旦去世六年后，于1983年由四川文艺出版社出了改订本，影响广泛，流传久远，起到了承上启下的作用。

仅仅过了两年，即1985年，人民文学出版社就推出了国内第一个完全再现"奥涅金诗节"的译本《叶甫盖尼·奥涅金》。它是由智量先生完成的。智量早年毕业于北京大学，留校任教两年后即调入中国科学院文学研究所从事俄罗斯文学研究，并开始翻译《奥涅金》。1958年他被错划为右派，下放甘肃劳动改造，妻离子散；1960年到上海，当中学代课老师，劳作间隙继续译诗，花费了近二十年时光译出了《奥涅金》。智量先生主张“画地为牢”，严格再现原诗格律，注重形神兼备，先求形式贴近，再求辞达而意雅。学术界对他的译本给予了充分的肯定和高度评价。为了扩大视野，并公正地对待每一个译本，我们在这里引用一节智量按照严格的“奥涅金诗节”翻译的诗，读者可以和上引查良铮的译文相对照：

> 对于我，奥涅金，这豪华富丽，
> 这令人厌恶的生活的光辉，
> 我在社交旋风中获得的名气，
> 我的时髦的家和这些晚会，
> 都有什么意思？我情愿马上
> 抛弃这些假面舞会的破衣裳，
> 这些乌烟瘴气、奢华、纷乱，
> 换一架书，换一座荒芜的花园，
> 换我们当年那所简陋的住处，
> 奥涅金呵，换回那个地点。
> 在那儿，我第一次和您见面，
> 再换回那座卑微的坟墓，
> 在那儿，一个十字架，一片荫凉，
> 如今正覆盖着我可怜的奶娘……

一个不容否认的事实是：虽然有了不同的美学追求和不同面

貌的译本，但迄今为止，查译本仍然是一个十分重要的译本，而且持续地受到欢迎和爱戴。孙剑平先生是《叶甫盖尼·奥涅金》的译者之一，他在翻译过程中参考了查良铮的译本，对查译本也给予了充分的肯定。他曾经说："若以诗味浓郁、才气横溢而论，当首推查译本。"查译本在广大读者中流传，从城市到乡村，从内地到边疆，从工农大众、党员干部到知识青年，人们为查译普希金而激动，而感叹。著名文艺理论家和文学研究学者赵毅衡，当年在农场劳动的日子里，以另一种阅读，从另一种角度，抒写了那个时代人们特有的生活经历和阅读感受：

> 后来，我被发配到极端不浪漫的安徽淮河边军垦农场，积雪堆满田野的冬日，无劳可动，整日枯坐讨论毛著。恍惚走神时，想起雪橇滑过俄罗斯的旷原雪景，那是痴情的奥涅金，急如星火地奔向达吉亚娜，而原野是那么广袤无边。在这时候，被点名了，打个激灵醒过神来，该我批"一闪念"。照例学舌一通，心里还想着我的甜梦。①

让我们再闪回到普希金的时代，回到俄罗斯文学的辉煌时期。

1834 年 11 月，当亚历山大一世的纪念柱在彼得堡皇宫广场上高高树起的时候，就在为此花岗岩大型圆柱的树立而举行揭幕典礼的前几天，人民的伟大诗人普希金悄悄地离开了彼得堡。

1836 年 8 月 21 日，离决斗身亡只有五个月零八天了，俄罗斯伟大诗人普希金挥笔写下了他的抒情诗名篇《纪念碑》。诗人睥睨千古，傲视帝王，同情人民，景仰先烈，甚至夹着一丝不祥的预感，凛然宣告："我为自己树起了一座非金石的纪念碑。"

---

① 赵毅衡：《穆旦：下过地狱的诗人》，载《作家》，2003 年第 4 期，第 22 页。

纪念碑

我树起一个纪念碑

——贺拉斯

我为自己树起了一座非金石的纪念碑，
它和人民款通的路径将不会荒芜，
啊，它高高举起了自己的不屈的头，
　　高过那纪念亚历山大的石柱。

不，我不会完全死去——我的心灵将越出
我的骨灰，在庄严的琴上逃过腐烂；
我的名字会远扬，只要在这月光下的世界
　　哪怕仅仅有一个诗人流传。

我的名字将传遍了伟大的俄罗斯，
她的各族的语言都将把我呼唤：
骄傲的斯拉夫、芬兰，至今野蛮的通古斯，
　　还有卡尔梅克，草原的友伴。

我将被人民喜爱，他们会长久记着
我的诗歌所激起的善良的感情，
记着我在这冷酷的时代歌颂自由，
　　并且为倒下的人呼吁宽容。

哦，诗神，继续听从上帝的意旨吧，
不必怕凌辱，也不要希求桂冠的报偿，
无论赞美或诽谤，都可以同样漠视，

和愚蠢的人们又何必较量。

1996年,距普希金写作《纪念碑》一诗已经整整过去了160年。这一年,中国文学出版社隆重推出"20世纪桂冠诗丛",在其出版说明中写道:"入选诗人均为本世纪世界各大语种一流诗人而在中国未曾出版过较完备的诗集者。"其中20世纪中国诗人得享此殊荣者仅有一位,那就是穆旦。穆旦以他的《穆旦诗全集》——我还要补充一句,自然也应当包含诗人翻译家穆旦的文学翻译成就在内——为自己树立了一座非金石可比的纪念碑。而他在生前,却从未奢望过"桂冠的报偿"。

第二章　随拜伦漫游:回到浪漫派

诚然,查良铮是英语和俄语皆可翻译的少数天才的翻译家之一。他凭借个人所掌握的英语和俄语的强大优势,在俄语和英语两种文学之间纵横驰骋,自由出入,体现了一位卓越的诗歌翻译家的才情和气度。这一诗人翻译家个人的翻译道路,其主观意志的选择却隐含着一定的历史的必然性,即它客观上既服从于解放后建立新的文艺学的要求,而相对于中国新诗的不足,俄语和英语诗歌则是一种重要的补充。但在文学史上,特别是在诗歌领域,英国文学居于首位,而后起的俄罗斯文学难免受其影响,或可落实到拜伦对普希金的影响上,体现为一种更加宏观的文学史的影响关系。实际上,查良铮的翻译,在时间顺序上,并不是完全按照外国诗歌史的顺序进行的。这一总体的翻译途径,则有待于我们系统地考察查译英俄诗歌的总体情况,才能明晰。

说起查良铮的英语诗歌翻译,如同他的俄语诗歌翻译一样,首先也是十分重视原作的选择。在被剥夺了写作的权利之后,他把目标锁定在以拜伦为核心的英国浪漫派诗歌的翻译上,锲而不舍,成果辉煌。当然,在那个相对比较封闭的时代,他的外文书籍来源有限,往往是亲戚朋友送的。例如,拜伦诗歌的系统翻译,就是因为得到了萧珊给他的英文版的《拜伦全集》。而他晚年从事英国现代派诗歌的翻译,更是多亏了亲戚托人带回国的《英语现代诗选》。幸而那个时代，版权要求不严，可以自由翻译。试设想一下，假若在今天，查良铮的翻译会遇到多么大的困难！

另一方面，他又是英语语言文学专业教师，精通英国诗歌，他的选择是非常精到的。一般说来，查良铮只选择那些十分著名的作家的最好的作品进行翻译，他从未翻译过一首很平庸的诗，也没有把一首好诗翻译得平庸。但这样说不等于说他的翻译没有局限，比如说，他翻译的英语文学作品，基本上限于英国诗歌，几乎没有涉及美国，更是很少涉及其他英语国家的诗歌翻译。这固然要归因于建国初期政治和外交上一边倒的倾向，以及被迫形成的被包围和封锁的被动局面。然而，就在他的活动范围之内，在他所掌握的十分有限的外文材料之内，在处理整个译作的过程中，译者能够建立一种比较完善的翻译文本体制，使得中国读者能够从中获得比较全面的认识和文学阅读的审美享受，又是十分难能可贵的。

从查良铮翻译的一贯做法中，可以总结出他的翻译选材与翻译原则的要点如下：

1. 只选取那些最伟大的诗人（例如拜伦、雪莱、济慈）的代表作和重要作品（例如拜伦的《唐璜》），以便能够集中而完整地介绍翻译一个诗人的成就或一个流派的概貌。从根本上保证了原本的经典性质，为创造翻译经典提供了文本基础和认识基础。

2. 一旦选定，就进行仔细地研究。一般是在充分研究的基础上再进行全面的翻译设计，然后按照计划保质保量地完成翻译任务。不做无计划无目的的翻译，也不为出版商的条件和一般读者的趣味所左右，可以说坚持了学院派译者的独立立场。

3. 翻译正文之外，有详尽的注释，或者大段转译原文的相关资料，作为附录，并且在出版时加上前言后语，详细说明诗人的背景和成就，翻译的原则和主张等，形成完整的文本体系，其中不少已经构成外国文学的翻译经典。

第一节　英诗翻译：浪漫主义风潮再起

众所周知，查良铮的专业本来是英语和英语语言文学，而他却花费大量时间和精力学习俄语，并且把俄语文学翻译当作自己的首要任务来完成。这一点，可以从他回国以后首先翻译俄语文论和诗歌得到证明，也可以从他晚年回到俄语翻译和译作修改的事实上得到证明。但是另一方面，查良铮又以同样的热忱和同样的成就，在从事英语文学翻译，其中包括从20世纪50年代中期开始的浪漫主义诗歌的翻译、晚年所从事的现代派诗歌翻译以及有关译作的修改。因此，可以说，从上一部分的查译俄语诗歌到这一部分的查译英语诗歌，我们不过是从一国文学翻到了另一国文学而已，而诗人翻译家则得以在二者之间循环往复，左右逢源；而他的诗歌创作（甚至翻译），除了汉语本身的语言基础和诗学修养，甚至汲取了两种外来的语言和文化的营养。不过，这些方面，需要更加专门而综合的研究罢了。

单说查良铮所从事的诗歌英译汉的成就，则集中体现在其先后发表的作品上，共包括诗集8种：《拜伦抒情诗选》（新文艺出版社，1957，“文革”中重新修订，上海译文出版社）、《布莱克诗选》（人民文学出版社，1957）、《雪莱抒情诗选》（人民文学出版社，1958）、《济慈诗选》（人民文学出版社，1958）、《云雀》（人民文学出版社，1958）、《唐璜》（人民文学出版社，1980）、《英国现代诗选》（湖南人民出版社，1985）、《T. S. 艾略特诗选》（四川文艺出版社，1992）。其中，《唐璜》《英国现代诗选》以及《T. S. 艾略特诗选》则是在诗人翻译家去世以后才得以发表的。由于我们后面要集中讨论拜伦诗特别是《唐璜》的翻译问题，所以，此前先行讨论一下雪莱和济慈诗歌的翻译情况。

一、雪莱:当西风漫卷的时候

在那样一个风雨飘摇的时代,在革命的意识形态占据主导地位的时代,翻译文学的主流还是以选择和翻译欧美文学史上比较有定论的作家的作品为主体。在英语浪漫主义文学传统中,拜伦、雪莱、济慈等积极浪漫主义的选择,就是势在必行了。另外,相对于另一位早期重要诗人布莱克的选择和翻译,也是一个继续和扩展。事实上,在外语教学与研究出版社2011年出版的"英诗经典名家名译"丛书中,就有袁可嘉和查良铮合译的《布莱克诗选》,其中第一辑"诗的素描"和第三辑"散篇"中的三篇,都是查良铮所译,袁可嘉翻译了第二辑"天真之歌"和"散篇"的第一篇,书中的"译序"则是袁可嘉写于1957年6月的文章。

鉴于下一节要集中讨论拜伦的译作,这一节我们将把重点放在雪莱和济慈身上,作为一个讨论的开端。

在"译者序"一开头,查良铮就写明了这样一种选择的背景:

> 英国十九世纪诗坛上的两颗巨星——雪莱和拜伦,是我国读者久已熟悉的了。他们在热情的诗歌中发出革命的号召,不知感动了多少心灵。要是用一句话来概括他们的诗歌活动的话:可以说,他们是革命浪漫主义者,也就是英国工人运动尚在雏形时期的代言人。①

雪莱(1792—1822),出生于富豪贵族家庭,受到的是传统的贵族教育。但他又是一个酷爱自由、追求自我解放的天才诗人。

① 《穆旦译文集》(第4卷),人民文学出版社,2005年,第3页。

雪莱的时代，不仅是工人阶级革命风起云涌的时代，而且也是各种进步思想大力传播的时代。因此，同情劳工，向往变革，就是那一代人的最高追求了。译者对这些情况了如指掌，因此，在这篇“译者序”中，我们不仅能读到译者对雪莱从思想到艺术的比较全面的研究，而且能够领略到一些片段的精彩的译笔。例如，那一小节十分出名的号召英国工人阶级的诗：

起来吧，像睡醒的狮子，
你们多得无法制服；
赶快摇落你们的锁链，
像摇落睡时沾身的露——
你们人多：他们是少数。

灵动而不呆滞，是诗歌创作和翻译的共同原则；准确而能变通，则是诗歌翻译的基本要求。迄今为止，雪莱的《西风颂》虽然有不少的译本，但查译本仍然是一个不可忽视的存在。仅以该诗的第一部分，即第一个十四行诗为例，就可以领略到查译灵动而准确的译风，有力而沉稳的行文：

哦，狂暴的西风，秋之生命的呼吸！
　你无形，但枯死的落叶被你横扫，
有如鬼魅碰上了巫师，纷纷逃避：

黄的，黑的，灰的，红得像患肺痨，
　呵，重染疫疠的一群：西风呵，是你
以车驾把有翼的种子催送到

黑暗的冬床上，他们就躺在那里，

像是墓中的死尸,冰冷,深藏,低贱,
直等到春天,你碧空的姊妹吹起

她的喇叭,在沉睡的大地上响遍,
(唤出嫩芽,像羊群一样,觅食空中)
将色和香充满了山峰和平原:

不羁的精灵呵,你无处不运行;
破坏者兼保护者:听吧,你且聆听!

雪莱不仅是革命的、新时代的预言家,而且是反抗暴君和暴政的激进诗人。他的政治思想既有其深刻的哲学基础又有当下的思想来源,而且超越了法国大革命失败后弥漫于欧洲的幻灭感。

> 与拜伦不同,雪莱的作品来自一种一贯的但有伸缩性的思想,这一思想是由一种哲学怀疑主义所决定的,这种哲学怀疑主义质疑它的柏拉图哲学基础,正如它拒斥基督教的神话和道德观念。……
>
> 雪莱的政治思想实际上充满了实验科学理论和其岳父戈德温的社会观。他不仅阐明了暴政与自由之间水火不容,还探索了未来的可能性不是过去的失败,而且在引证说明平均主义性质方面,超越了当时由法国大革命理想破灭而产生的普遍的幻灭感。①

---

① 《牛津简明英国文学史》(修订本),谷启楠等译,人民文学出版社,2000年,第391页。

雪莱的革命精神，当然有阅读进步书籍、接受新思想的因素，但是最根本的还是来自对家庭和社会的反叛，造成了他追求自由的人生道路。他自幼受到父母的压抑，上学时遭到同学的欺凌，后来在社会上，由于蔑视世俗，行为不合规矩，个人爱情和婚姻连续遭受不幸，也因此一再受到当局和保守势力的排挤和打击。1812 年，雪莱与英国进步思想家葛德汶建立了书信联系，稍后便以弟子身份亲赴伦敦登门拜访，直接受其影响。同年，即发表长诗《麦布女王》，猛烈抨击宗教势力和社会的不平等。1817 年，雪莱在经历了一系列挫折和伤痛之后，与玛丽结婚；次年，携家眷永远离开了英国，旅居欧洲大陆，开始了漂泊的生活，也进入诗歌创作的高潮。

1819 年，他创作了取材于古希腊神话的诗剧《解放了的普罗米修斯》，推翻了神界的宙斯，解放了给人类带来光明之火的普罗米修斯，在那一瞬间，“人世成了天堂”，表露了诗人的社会理想：

自由，不受管辖，不受限制，真正的
人，平等，没有阶级、种族、国家，
没有恐惧、迷信、等级，每人都是
自己的王，公正，温和，聪明……

雪莱的桀骜不驯，不合时宜，不仅和同时代的拜伦十分相似，而且和 20 世纪中国诗人穆旦（翻译家查良铮）在心理上十分契合。在那些压抑的日子里，诗人翻译家必定反复吟诵雪莱的《歌》，含着冤屈舔着伤口，咀嚼这些悲伤的字句：

Rarely, rarely, comest thou,
Spirit of Delight!
Wherefore hast thou left me now

Many a day and night?
Many a weary night and day
'Tis since thou art fled away.

桀骜的心灵，如受伤的云雀，面对这样的文字，也会以桀骜不驯的译笔，表达压抑的心灵和郁闷的心情，

你很少，很少找我了，
　喜悦的精灵！
为什么这许多日子，
　你不来访问？
呵，你已经和我离别
多少个忧闷的日夜！

不过，作为翻译家，查良铮始终是严谨的。即便是一些不太著名的诗作，在查译的笔下，也处理得严谨而生动。他的翻译态度似乎是大胆中隐含着矜持，在以诗节为单位的大幅度变通运作中，特别注意诗眼的保持和语气的灵动，决不会出现诗意堵塞和行文呆滞的现象，而诗行的对应，竟在其中了。下面是雪莱纪念他的妻妹（也是暗恋他的情人）服毒自杀的悼亡诗，其中惊愕与悔恨，悼亡与思念，百感交集的心态，表现得淋漓尽致，而查良铮的译诗，由于深入到人物的灵魂之中，体验准确而深刻，语言便细致而泼辣，是经得起与原诗对照的：

咏芬妮·葛德汶

当我们告别时，她的声音

的确在颤抖，但我不知道
那发出这颤抖之音的心
已经碎了，因此不曾明了
她的话。哦，灾祸——灾祸，
这世界对你真太广阔！

On Fanny Godwin

Her voice did quiver as we parted,
Yet knew I not that heart was broken
From which it came and I departed
Heeding not the words then spoken.
Misery—O misery,
This world is all too wide for thee.

芬妮·葛德汶是雪莱的妻姊，因长期忧郁而自杀身亡。而威廉·葛德汶则是雪莱的岳父，一位十分激进的革命者。雪莱的思想曾受到他的《政治的正义》的明显影响，倾向革命与变革，因而对华兹华斯这位浪漫主义的先驱从早年向往革命到晚年背弃革命的转变，抱有一种批评的态度。这种态度，从雪莱发表于1816年的《给华兹华斯》中便可看得出来：

给华兹华斯

自然底歌者呵，你不禁哭泣，
因为你知道，万物去而不复回：
童年，少年，友情，初恋的欢喜，

都梦一般地逝去了，使你伤悲。
我和你有同感。但有一种不幸
　你虽感到，却只有我为之慨叹。
你曾像一颗孤独的星，把光明
　照到冬夜浪涛中脆弱的小船，
又好似石筑的避难的良港
屹立在盲目挣扎的人群之上；
在可敬的贫困中，你构制了
　献与自由、献与真理的歌唱——
但你竟舍弃了它，我不禁哀悼
　过去你如彼，而今天竟是这样。

1816年，雪莱在瑞士日内瓦遇到了漫游欧洲的拜伦。拜伦长雪莱四岁，二人相见恨晚，同游同吟。然而好景不长，仅仅过了六年，雪莱在一次出海迎接从英国前来的朋友返航时，突然遇到暴风雨，船沉而罹难。拜伦等挚友赶来，按照古希腊风俗，在海滩上为英年早逝的诗友举行了火葬。

这一年，雪莱29岁。

江枫，从战争年代起就怀揣着一卷雪莱诗集英文版，最终完成了《雪莱全集》汉译本的著名的诗歌翻译家，曾这样评价雪莱的一生：

雪莱，到1822年7月8日覆舟海上，在世不足30岁。短短十多年的创作成果，历经一二百年之久，今日读来清新、隽永一如往昔，他为之唱彻一生的光辉理想，依旧在鼓舞着进步人类继续前行，在世界文学史上是罕有其配的。①

① 《雪莱诗选》，江枫译，外语教学与研究出版社，2011年，“前言”第12页。

二、在济慈的艺术之瓮上精雕细刻

济慈（1795—1821）是另一位积极浪漫派的典型诗人，虽然在政治态度上不及拜伦和雪莱那样激进，而是流露出唯美主义的倾向，但在中国读者中也有相当的影响，而且就诗意的优美和诗艺的完整性而言，更是越来越看好。雪莱和济慈有深厚的感情，曾为这位英年早逝的诗人写了一首很长的诗纪念他。这首诗就是《阿童尼——一首哀歌，哀悼"恩狄米安"及"海披里安"等诗的作者约翰·济慈之死》。在这首诗的"前记"里，有一段凄美而感人的话：

> 约翰·济慈因肺病死在罗马，时为一八二一年一月一日，享年二十四岁；他葬在该城新教徒的幽雅而僻静的墓地，在西斯蒂阿斯墓陵的金字塔下，周围是古罗马角斗场的巍峨高墙和楼塔，但如今已经荒凉倾圮了。这墓园是在废墟间的一片空地上，冬天则长满了紫罗兰和雏菊。想到能埋葬在这种幽雅的地方，人们会觉得死也是很值得向往的。①

阿童尼是古希腊神话中的人物，为野猪咬伤而死，诗中以之比喻济慈。济慈，这位天才的诗人，只活了25岁，墓碑上写着"这里安息了一个把名字写在水上的人"。拜伦也曾在《唐璜》中说："济慈被一篇批评杀死了。"而雪莱的《阿童尼》则用更加凄婉动人的语气纪念亡友：

> 不，他活着，醒着，——死的只是"虚幻"，

① 《穆旦译文集》（第4卷），人民文学出版社，2005年，第262页。

不要为阿童尼悲恸。年轻的早晨，
让你的露水变为光辉吧，因为
你所哀悼的精神并没有消隐；
岩洞和森林呵，你们不要呻吟！
打住，你昏厥的花和泉水；还有太空，
　何必把你的披肩像哀纱一样遮在
　失欢的大地上？快让它澄澈无云，
哪怕面对那讪笑大地的欢乐的星星！

(41)

在如何传达原诗的神韵方面，翻译家查良铮经过自己独特的研究，往往可以达到独到而近乎完备的认识。这为他的翻译选材和翻译策略提供了必要的认识前提。例如，在选译济慈的诗歌的时候，翻译家不仅选定了可靠的原文选本来研究济慈诗歌的语言形式和传达的要点，而且在思想和艺术的结合上，深入研究了济慈和拜伦、雪莱等积极浪漫主义诗人的区别，以及他和英国消极浪漫主义者，即湖畔派诗人的区别。虽然这种认识受到当时苏联文学教科书的影响，但在总体上仍然符合文学史的基本事实。这样的评价和理解，为翻译家准确而有效地翻译济慈的诗作奠定了坚实的基础。

济慈的名作《希腊古瓮颂》，是一首具有相当难度的诗，在文学史上是独一无二的。

萦绕于诗中的那种“美的不常在”的观念，在《希腊古瓮颂》中叙事者的推想里也体现出来，这种推想来自他对一个想象出来的古希腊阿提克花瓶上装饰着的两个场景的深思，一个场景显示了一对乡村恋人，另一个场景显示了异教的献

> 祭仪式。这两个场景都是凝固无声的，上面的各种形象取自逝去的时光，只是由于艺术的介入才使它们永恒不朽。特别是献祭仪式的形象具有蒲桑作品的某种雕塑感和空间想象力。①

由于汉语文学的持续影响，《希腊古瓮颂》的“瓮”已成为固定译法，而不是西方文化中的“瓶”。这一问题，在斯蒂文斯的《瓶的轶事》一诗的翻译上，也有类似的表现。许多人翻译成瓮，值得商榷。须知“瓮”是一件中式日用品，用来盛水储水，体积庞大，而“瓶”则可能是一件艺术品，用来插花，也可单独欣赏。除了标题之外，这首诗对于翻译的挑战，也十分严峻：要么彻底成功，要么一塌糊涂，其中的难点之一，就是需要使用优雅的词语表现艺术质感的厚重、古典色彩的斑斓。查译这首诗可以说是一首经典，尤其是开首的措辞和构句，抒情叙事，意蕴悠长，在众多译本中鹤立鸡群，独领风骚。请看先声夺人的第一节，新鲜而自然的比喻，碧玉般的词句，给人以美的享受：

你委身“寂静”的、完美的处子，
　受过了“沉默”和“悠久”的抚育，
呵，田园的史家，你竟能铺叙
　一个如花的故事，比诗还瑰丽：
在你的形体上，岂非缭绕着
　古老的传说，以绿叶为其边缘，
　　讲着人，或神，敦陂或阿卡狄？
　呵，是怎样的人，或神！在舞乐前

① 《牛津简明英国文学史》(修订本)，谷启楠等译，人民文学出版社，2000年，第398页。

多热烈的追求！少女怎样地逃躲！
　　怎样的风笛和鼓铙！怎样的狂喜！

(1)

为何得此译文佳构？不难想象，如同浪漫主义诗人济慈对希腊文明充满敬慕一样，查良铮对这首诗也是十分钟情。诗的意境在查译中表现得典雅高贵，就得益于翻译家对原作思想和创作倾向的深刻理解，以及如何把汉语的诗的语言运用于英语的诗的氛围再造时的深思熟虑。关于画面的细节和思想的深度，则集中在最后一节里。在这里，情感与思想并行，迸发出耀眼的光芒，引起读者无限的遐想，而那“美即是真，真即是美”的名句，通过翻译家自然而灵动的译笔，则使人如啖荔枝，满口诗香，久久不能忘怀。

哦，希腊的形状！惟美的观照！
　　上面缀有石雕的男人和女人，
还有林木，和践踏过的青草；
　　沉默的形体呵，你像是“永恒”
使人超越思想：呵，冰冷的牧歌！
　　等暮年使这一世代都凋落，
　　　只有你如旧；在另外的一些
　　忧伤中，你会抚慰后人说：
“美即是真，真即是美，”这就包括
　　　你们所知道、和该知道的一切。

(5)

又以济慈作品《秋颂》(*Ode to Autumn*)的翻译为例，查良铮运用朴素自然的感性语言再现了原诗中声、色、形、味等各方面的美，从而使读者获得深刻细腻的艺术愉悦。在这首诗中，济慈通过一系列意象给读者呈现了一幅果香四溢的秋色图。全诗分为三个诗节，每个诗节有十一行，每行均为五步抑扬格。下面我们来分析第一个诗节，看诗人济慈和翻译家查良铮是如何让读者感受到秋之魅力的。

先看第一节的原文：

Season of mists and mellow fruitfulness,
　Close bosom-friend of the maturing sun;
Conspiring with him how to load and bless
　With fruit the vines that round the thatch-eves run;
To bend with apples the moss'd cottage-trees,
　And fill all fruit with ripeness to the core;
　　To swell the gourd, and plump the hazel shells
　With a sweet kernel; to set budding more,
And still more, later flowers for the bees,
Until they think warm days will never cease,
　　For summer has o'er-brimm'd their clammy cells.

在这幅暖气洋溢、硕果累累的秋色图中，诗人体察入微，用笔精细，准确地捕捉到了各个景物的特征，并巧妙运用一系列动词，动感地勾勒出秋天万物成熟的喜人景色，把秋天写得色彩鲜明、丰满形象。葡萄、苹果、葫芦、榛子、蜜蜂、花朵、蜂巢，在诗人的笔触下，生动，淋漓，壮观，洋溢着浓烈的赞美、热爱之情。

我们再来看查良铮先生的译文：

雾气洋溢、果实圆熟的秋，

你和成熟的太阳成为友伴；
你们密谋用垒垒的珠球
缀满茅屋檐下的葡萄藤蔓；
使屋前的老树背负着苹果，
让熟味透进果实的心中，
使葫芦胀大，鼓起了榛子壳，
好塞进甜核；又为了蜜蜂
一次一次开放过迟的花朵，
使它们以为日子永远暖和，
因为夏季早填满它们的粘巢。

这一节诗有什么特点呢？

首先，在诗歌翻译的形式上，查良铮十分注意原诗的形式特征的保持。他实际上体现了与原诗形式基本对应的译诗努力和美学追求。在这首诗中，他以近似的诗歌形式来传译原诗的节奏，按照汉语以顿作为节奏单位的习惯，每行大都体现为五顿，其中包含一字顿、两字顿和三字顿。第一三行、二四行、五七行、六八行、九十行分别押韵，读起来朗朗上口，流畅自然。之所以有这样的效果，可以说，查译的基本出发点体现了英诗和汉诗的基本特点之间的一个契合点。

其次，在具体的语言运用上有一个特点，那就是，查良铮在译诗中非常重视再现原诗动词的表现效果，他的译诗简洁精练，生动形象。例如，状写葡萄果实之繁丰用“缀满”(load and bless/With fruit the vines)，形容苹果结实之硕重用老树“背负着”苹果(bend with apples the moss'd cottage-trees)，写果实之醇香用熟味“透进”果实的心中(fill all fruit with ripeness to the core)，写果实之饱满用“胀大”(swell the gourd)、“鼓起”(plump the hazel shells)。这一系列的动词赋予秋天灵动的色彩，描绘了万物成熟的动态过程。

查良铮的诗歌语言追求质朴、硬朗，透射出一种明净的光芒。这种美学品格，或许得益于他深厚的古典文学的炼字技巧和艺术修养，使他在译诗时能够用语简洁而处置恰当，而平常的生活语言在他那里由于嵌得恰到好处也显得生气勃勃。查译诗歌语言朴素，诗味盎然却没有生搬硬套汉语的表达方法，忠于原诗又没有过分欧化、佶屈聱牙的倾向。

假如我们不拘泥于一般的表述方式，而是注重诗歌精神的内涵，那么，我们甚至可以发现，诗人翻译家查良铮和浪漫派诗人济慈之间，在诗歌观念上有一些相似之点。这种相似性，既可以归结为中国诗人在翻译中接受外国诗歌的影响，又可以理解为是中外优秀诗人之间对于诗歌理解所达到的同一高度的表现。下面是济慈关于诗歌的一段话：

> 首先，我认为诗应当写得有点恰到好处的过分，以此来使读者惊讶，而不是靠标新立异。要使读者觉得是说出了他自己最崇高的思想，有一种似曾相识之感。第二，诗的美要写到十分，要使读者心满意足而不是屏息瞠目：形象的产生、发展、结束应当自然得和太阳一样，先是照耀着读者，然后肃穆庄严地降落了，使读者沐浴于灿烂的夕照之中。当然，想想怎样写诗要比动手写诗容易得多，这就引到了我的第三个信条：如果诗来得不像树长叶子那么自然，那还不如干脆不来。①

不难发现，济慈所谓在艺术表现上“恰到好处的过分”的度的

---

① 转引自王佐良：《英国诗史》，译林出版社，1997年，第315—316页。

把握,“美到十分”的彻底的艺术追求,以及自然得像树长出叶子一样的语言运用原则,正是查良铮所赞成的诗歌原则,甚至也是他在翻译中所体现的艺术精神。

第二节 哀希腊:“忧患意识”的回响

翻译是跨文化的交流活动,对于主体民族,则有激发进步的作用。特别对于有五千年历史的中国来说,肇始于“五四”时期的现代西学翻译,伴随着一个古老民族的觉醒与开通,相当于又一次枯木逢春,遭遇又一次“文艺复兴”。就文学翻译而论,那一时期,抱着强烈的忧患意识,诗歌的革新起着新民的作用,而小说革命则视为社会革命的前奏。这一时期的翻译也以诗歌和小说为主,而在诗歌中,英国浪漫主义诗歌占有相当的比重,其中积极浪漫主义的代表当首推拜伦。

> 这一时期拜伦(George Gordon Byron, 1788—1824)的诗歌似乎最有影响。相比其他各种文类,在传播到海外的英语文学作品中,诗歌的数量较少。而在海外流传甚广的诗人中就有拜伦勋爵,他的闻名遐迩不仅因为其诗歌创作,更主要的在于他那传奇般的身世。①

拜伦不仅是卓越的英国浪漫派诗人,而且是民族革命家和反暴政的英雄。他出身于英国贵族家庭,学生时期即受到启蒙思想的影响,一生憎恨专制,反抗暴君,追求自由、平等。他放荡不羁

① 张旭:《中国英诗汉译史论》,湖南人民出版社,2011年,第90—91页。

的性格，恃才傲物的态度，散漫慵懒的生活作风，更有那讽刺时弊的诗风，皆为英国社会所不容，被迫离开祖国，漂泊、漫游欧洲大陆，最后以军事首领的身份支援希腊民族独立的斗争，以致英年早逝于军中，年仅36岁。拜伦的诗歌，实际上就是诗人一生的忠实写照，毋宁说，他的一生就是一首诗。

> 他的诗歌并非充满大自然或对大自然的沉思，而是充满了公众生活、近期历史、英国政治和被法国大革命激起的狂热的欧洲民族主义。在地理背景方面，拜伦诗歌的范围从俄罗斯到地中海，从葡萄牙到地中海东部诸国和岛屿。他的诗歌轻松地游动于不同的叙述模式和感情模式之间，从自我探索式到争论式，从忧郁式到喜剧式，从仿英雄体诗到热烈的爱情诗，从歌曲到史诗。拜伦是鼓吹思想和行动自由的人，是个行为不羁的人。他毫不迟疑地担当了对自己所处时代公开进行评论的角色，因为他既欣赏自己的名望，又欣赏后期浪漫主义作家那种与现存社会格格不入的姿态。他在复杂的个人生活和他的诗歌中扮演的角色，对他的遍及欧洲的艺术家朋友们产生了深刻影响。忧郁的、不安的“拜伦式”英雄产生了国际性影响，仿佛各国社会都协力共谋使他的命运复杂化。①

拜伦的长篇讽刺诗《唐璜》是英国政治讽刺诗歌的巅峰。

《唐璜》的献辞，实际上就是一部反抗传统的宣言，特别是在一开头，诗人首先领出来桂冠诗人骚塞，作为标本，加以讽刺，实

① 《牛津简明英国文学史》(修订版)，谷启楠等译，人民文学出版社，2006年，第387—388页。

际上是矛头直指当时的湖畔派浪漫主义诗人(戏称其为“湖畔居士”),说他们“在朝野徘徊”,是“一窠里卖场的先生”。接着对华兹华斯、柯勒律治,一个个点名批评,甚至包括历史上的诗人鲍伯、弥尔顿等也不能幸免,一概连带,加以讽刺。

桂冠大人呵,我现在就向您献出
　这以朴实无华的诗句写成的歌。
如果说,我不善于阿谀的辞令,
　那是因为我还保有黄蓝的服色;
我的政见当然很有待于教导,
　何况变节也很时髦:谁要想持着
　一种信念,最近已变得难上加难——
　您说对吗,我最会变节的托利党员?

这个写于“一八一八年九月十六日,威尼斯”的献辞,反映了当时英国两党的斗争。与骚塞等消极浪漫派所代表的托利党相反,拜伦所赞成的辉格党以黄蓝二色为标志,代表工商业者的利益,政治主张比较开明。如果说,这一有关政治背景的即时的讽刺效果在查良铮翻译的时候已经变得遥远,那么,诗中对于黑暗政治现实的讽刺,以及对于诗人依附权贵附庸风雅的讽刺,则具有一定的现实意义。

更为重要的是,《唐璜》的第三章,拜伦借助叙述人的口吻,抒发了他对希腊文明的深沉的感情和理性的评价,从而构成他的又一名篇《哀希腊》。实际上,《哀希腊》从 20 世纪初直到现在,不断有新译本出现,在中国新诗的发展史上产生过极为重大的影响。因此,无论从创作上还是从翻译上,《哀希腊》都是可以独立成篇,并且值得重新提及的。因此,这里在介绍查译本的同时,也选了不同时代以不同诗体翻译的另外三个译本,加以比较研究。这样做的目的,一则是由于《唐璜》全诗太长,介绍容易泛泛,而我们希望能深入到一些细部进行研究,同时也期待能以这样的翻译鉴赏与评论方式,对古典格律诗的汉译格局问题有所探索和启发,另一方面,也许更重要的是,可以借以追溯一下"五四"以来的英诗汉译史,借助《哀希腊》的译介过程,诉说一下中国知识分子救亡图存、复兴中华的心路历程。

> 今天看来,《哀希腊》诗之所以在中国近代风靡一时,除了这首诗本身感人至深外,更重要的是,它出现在一个汉民族知识分子和革命者立志推翻满清王朝统治的历史时刻,拜伦那种慨叹古代文明之邦的后世子孙沦为异族之奴的铿锵诗篇,自然会激起他们的强烈共鸣,而且广大读者在服了这剂西洋"'文明'的药"之后,似乎觉得能"给汉人挣一点面子"。由此可见,由于意识形态的作用,许多人选择欣赏外国诗歌的标准,首先还是其思想性,然后才是原作自身的艺术魅力。①

需要说明一下,引文中带引号的文字,出自鲁迅先生《杂记》和《坟》,其中民族情绪的流露,比想象的似乎更甚。

在艺术形式上,《哀希腊》共有十四节,具有一致的格式。但和《唐璜》主体部分在格式上有一个区别,那就是主体部分的八行一诗节的体制,均改变为六行一诗节的体制。押韵的模式仍然是一样的,只是少了一组韵脚,为 ababcc,最后两行仍然押相同的韵脚。在翻译的体制上,查良铮采用了相同的变通策略,保持了

① 张旭:《中国英诗汉译史论》,湖南人民出版社,2011 年,第 92 页。

《哀希腊》全诗的独立品格和在整个《唐璜》中的显著地位。因为原诗不长，我们不妨全文照录，然后再看查译和其他译本的翻译情况。

The Isles of Greece

1

The isles of Greece, the isles of Greece!
  Where burning Sappho loved and sung,
Where grew the arts of war and peace,
  Where Delos rose, and phoebus sprung!
Eternal summer gilds them yet,
But all, except their sun, is set.

2

The Scian and the Teian muse,
  The hero's harp, the lover's lute,
Have found the fame your shores refuse;
  Their place of birth alone is mute
To sounds which echo further west
Than your sires' 'Islands of the Blest.'

3

The mountains look on Marathon—
  And Marathon looks on the sea;
And musing there an hour alone,
  I dream'd that Greece might still be free;
For standing on the Persian's grave,
I could not deem myself a slave.

4

A king sate on the rocky brow
  Which looks o'er sea-born Salamis;
And ships, by thousands, lay below,
  And men in nations;—all were his!
He counted them at break of day—
And when the sun set where were they?

5

And where are they? And where art thou,
  My country? On thy voiceless shore
The heroic lay is tuneless now—
  The heroic bosom beats no more!
And must thy lyre, so long divine,
Degenerate into hands like mine?

6

'Tis something, in the dearth of fame,
  Though link'd among a fetter'd race,
To feel at least a patriot's shame,
  Even as I sing, suffuse my face;
For what is left the poet here?
For Greeks a blush—for Greece a tear.

7

Must we but weep o'er days more blest?
  Must we but blush?—Our fathers bled.
Earth! Render back from out thy breast
  A remnant of our Spartan dead!
Of the three hundred grant but three,

To make a new Thermopylae!

8

What, silent still? And silent all?
  Ah! No;—the voices of the dead
Sound like a distant torrent's fall,
  And answer, 'Let one living head,
But one arise,—we come, we come!'
'Tis but the living who are dumb.

9

in vain—in vain: strike other chords;
  Fill high the cup with Samian wine!
Leave battles to the Turkish hordes,
  And shed the blood of Scio's vine!
Hark! Rising to the ignoble call—
How answers each hold Bacchanal!

10

You have the Pyrrhic dance as yet;
  Where is the Pyrrhic phalanx gone?
Of two such lessons, why forget
  The nobler and the manlier one?
You have the letters Cadmus gave—
Think ye he meant them for a slave?

11

Fill high the bowl with Samian wine!
  We will not think of themes like these!
It made Anacreon's song divine:
  He served—but served Polycrates—

A tyrant; but our masters then
Were still, at least, our countrymen.

12

The tyrant of the Chersonese
  Was freedom's best and bravest friend;
That tyrant was Miltiades!
  Oh! That the present hour would lend
Another despot of the kind!
Such chains as his were sure to bind.

13

Fill high the bowl with Samian wine!
  On Suli's rock, and Parga's shore,
Exists the remnant of a line
  Such as the Doric mothers bore;
And there, perhaps, some seed is sown,
The Heracleidan blood might own.

14

Trust not for freedom to the Franks—
  They have a king who buys and sells;
In native swords, and native ranks,
  The only hope of courage dwells;
But Turkish force, and Latin fraud,
Would break your shield, however broad.

15

Fill high the bowl with Samian wine!
  Our virgins dance beneath the shade—
I see their glorious black eyes shine;

But gazing on each glowing maid,
My own the burning tear-drop laves,
To think such breasts must suckle slaves.

16

Place me on Sunium's marbled steep.
Where nothing, save the waves and I,
May hear our mutual murmurs sweep;
There, swan-like, let me sing and die:
A land of slaves shall ne'er be mine—
Dash down yon cup of Samian wine!

众所周知,《哀希腊》的较早译本,以苏曼殊和马君武的最为著名。但远在二人之前,于 1902 年,就有了梁启超先生的译本。这位中国近代史上著名的政治活动家和学术巨子,根据弟子罗昌口述,并借助了中国古典戏曲的曲牌,翻译了其中的两节,第一和第三节。现抄录如下,以见其味:

[沉醉东风]
咳! 希腊啊,希腊啊!
你本是和平时代的爱娇,
你本是战争时代的天骄。
撒芷波歌声高,女诗人热情好,
更有那德罗士、菲波士荣光常照。
此地是艺文旧垒,技术中潮。
即今在否?
算除却太阳光线,万般没了。

［如梦忆桃源］
玛拉顿后啊，山容缥缈，
玛拉顿前啊，海门环绕，
如此好河山，
也应有自由回照。
我向那波斯军墓门凭眺，
难道我为奴为隶，今生便了？
不信我为奴为隶，今生便了？

原诗每节六行，被处理成八行或七行不等，较为整齐的格律诗，被套用了中国的曲牌，变为错落有致易于上口的长短句。直接音译的“两神名”，用括号加注说明，以方便读者阅读。通韵的安排，易于吟唱，而最后两行的重复，则有一唱三叹之妙，愈加感人。之所以会做这种处理，除了译者个人的文笔和爱好之外，就要到当时的社会背景中寻找深层的动机，验证当时的传播效果了。

拜伦诗中的希腊与当时的中国可谓命运相同，梁启超希望能借《哀希腊》给满清统治之下的国人以警醒和启迪。他的“意译”和改造顺应了当时的民族情绪，抒发了国人的心境与感受：“虽属亡国之音，却是雄壮愤激，叫人读来，精神百倍……句句都像是对着现在中国人说一般。”经过梁启超误读或挪用的《哀希腊》从此成为国人反抗民族压迫、实现强国梦的符号象征。①

其中的“虽属亡国之音，却是雄壮愤激，叫人读来精神百倍……

① 廖七一：《中国近代翻译思想的嬗变》，南开大学出版社，2010年，第20—21页。

句句都像是对着现在中国人说一般”，乃是梁启超《新中国未来记》中的文字，保存在阿英的《晚清文学丛钞》中。更有甚者，梁氏笔下的拜伦（当时译为“摆伦”），乃是一大豪杰，其《哀希腊》译文，与这一形象当有很大的关系。

> 英国近世第一诗家也，其所长专在写情，所作曲本极多，至今曲界之最盛行者，尤为摆伦派云。每读其著作，如亲接其热情，感化力最大矣。摆伦又不特文家也，实为一大豪侠者。当希腊独立军之起，慨然投身以助之。卒于军，年仅三十七。①

同样具有革命精神的马君武，其心目中拜伦的形象也应当不仅仅是诗家，而是革命家，甚至是烈士。而与梁氏相比，其军人形象如此，对其壮烈之死的渲染，更有过之而无不及：

> ……闻希腊独立军起，慨然仗剑从之，谋所以助希腊者无所不至，竭力为希腊募巨债以充军实。大功未就，罹病遽死。……希腊通国之人莫不震悼，为服丧二十五日，下旗，鸣炮三十七响以志哀，因摆伦得年三十七也。②

而作为革命家的马君武，留学日本，相继追随梁启超、孙中山，与黄兴等人筹备组织拒俄义勇队，企图以暗杀手段，改变时局，改造社会。他当年一面研制炸弹，欲武装推翻满清王朝，一面写诗著文，从事文学翻译，译拜伦此诗名曰《哀希腊歌》。

---

① 《新小说》第二号。

② 《欧学之片影》，《马君武集》，莫世祥编，华中师范大学出版社，1991年，第128页。

马君武的译本是20世纪初重要的译本之一，用的是比较自由的格律诗体，加之七言，较之苏译的五言，在语义上也有更大的回旋余地。虽然和原诗在形式上有较大的差距，但在发挥汉语优势方面，则有突出的贡献，其翻译的成绩是可以肯定的。所谓较自由的格律诗，就是以节为单位，句数不限，行数不限，韵脚不限。在叙事、状物、写景、抒情等方面，比较灵活地表达了原诗所表达的内容。特别是在每一节诗的最后一联之前加入"吁嗟乎"的感叹，使得整个诗作具有了十分强烈的抒情色彩。可以说，马译创造了一种诗歌体制，在当时的条件下基本上解决了以旧体诗翻译西方格律诗的问题。

下面是第一节译文：

希腊岛，希腊岛，诗人沙孚安在哉？
爱国之诗传最早。战争平和万千术，
其术皆自希腊出。德娄飞布两英雄，
溯源皆是希腊族。吁嗟乎！
漫说年年夏日长，万般销歇剩斜阳。

如果说一开始译者的语气还比较平和，译文也还贴近原文，但到了后来，随着译者情绪的激昂，译笔的纵横，译文则离开原文越来越远，而愈加接近译者心中的革命言辞。以下是译文的第十二节：

暴君昔起遮松里，当时自由犹未死。
曾破波斯百万师，至今人说米须底。
吁嗟乎！本族暴君罪当诛，异族暴君今何如？

另一个译者是苏曼殊。他是激进的革命者，后转向出家和遁世，而其诗人气质，却颇似拜伦，加之二人都具有“多难的境遇”、“悲惨的结局”以及“浪漫的漂荡的诗”，因此有人认为苏曼殊是中国唯一适合翻译拜伦诗歌的人。而柳无忌的《苏曼殊传》则这样描写了革命诗僧苏曼殊的性情的转变：

> 青年时代的热情很快就消失了，随之而来的是对政治的冷淡，和日益看破人生。那个表彰明末忠臣烈女的爱国遗事、痛骂广东人媚外祸国、谴责荷兰人虐待华侨、响应印度人的亡国哀号、纵情吟诵拜伦《哀希腊》诗篇、赞美美国无政府主义者爱玛·郭耳缦的激昂慷慨的青年作家，后来却变成了“作绮艳语、谈花月事”的“飘零者”。①

苏曼殊的译本，刊载于1914年，以五言体译拜伦的六行格律诗体，形式上的差别是太大了。但在当时翻译英诗以古体为宗的拓荒时代，这样的选择是无可非议的，也是不得已的，因为当时的翻译家是诗人，而当时的诗人只能写古体诗，而且写得很好。五言长于记事，也可以抒情，倒是在这一点上，无长度的限制，满足了译这首长诗的一个需要。不过整体的译法，不是意译，更不是直译，而是一种译述，或者是汉诗对英诗的拟作。

> 巍巍希腊都，生长奢浮好。
> 情文何斐亹，荼辐思灵保。
> 征伐和亲策，陵夷不自葆。
> 长夏尚滔滔，颓阳照空岛。

---

① 柳无忌:《苏曼殊传》，三联书店，1992年，第157页。

译诗的第一节第一行,完全抛弃了重复的手法只对希腊加以赞赏,而借助女诗人萨福对希腊文明的认同,也由于太过简略而变得难以理解:"巍巍希腊都,生长奢浮好。"移位的用法在译诗本身的结构内重新布置,开头("希腊都")与结尾("孤岛")的照应,成就了第一节译诗,而且具有典型的汉语行文谋篇的格局。如果不是整体阅读,是很难体会到这是在希腊岛上,永恒的夏日照耀着的。一词之立,满篇生辉,意境全出。

总体的印象,便是此译是一首绝妙的五言怀古诗,有汉魏风骨和古诗十九首的遗韵。它似乎是这样一首诗:苏曼殊身临希腊孤岛,以汉语诗体赋歌哀悼希腊文明,而中国古诗人的审美眼光和价值观,则掩盖或操纵了他对西方史实的感受。但其感人至深处,也在这里。

十分有趣的是,以提倡白话文著名的胡适先生,在他 21 岁的时候,读了以上两个译本,认为都不满意。他"颇嫌马君武之讹,而曼殊失之晦,晦则不达",于是自己动手,用骚体翻译之。以下是第 5、6 两节的译文:

往烈兮难追;
故国兮,汝魂何之?
侠子之歌,久销歇兮,
英雄之血,难再热兮。
古诗人兮,高且洁兮;
琴荒瑟老,臣精竭兮。

虽举族今奴虏兮,
岂无遗风之犹在?

吾慷慨以悲歌兮，
耿忧国之魂磊。
吾惟余赧颜为希人羞兮，
吾惟有泪为希腊洒。

平心而论，胡适的译文比梁启超的要古雅得多。因为后者的曲牌，靠近民间风格，适合演唱，比较俚俗，而屈子的骚体，则是典型的南方贵族的浪漫派文学的滥觞。可见诗歌体制的套用，无论古今，都是一件不容易合辙的事。

关于早期的四个译本，廖七一教授有如下的评论：

1. 从时间上看，四个译本的时间跨度仅有12年；
2. 译者的身份有比较明显的差异。尽管当时的主流叙述是救亡启蒙，梁启超是思想家，马君武是革命家，苏曼殊是诗僧，而胡适则是学者；
3. 从文本类型来看，梁启超、马君武的翻译可以说是政治性译本，苏曼殊是艺术性文本，而胡适的则是文化文本；
4. 从翻译着眼点来看，梁启超、马君武关注民族国家，苏曼殊关注个人的情感体验，而胡适则试图探索翻译新的表现形式；
5. 由于上述差异，梁启超、马君武关注译本的社会效果，苏曼殊关注独特的表现力，而胡适则关注译文的准确性。①

平心而论，这个评论还是准确的，唯有对胡适的评论可以商讨。因为研究者主要是从翻译文学史的角度来评价的，所以就一

① 廖七一：《中国近代翻译思想的嬗变》，南开大学出版社，2010年，第150—151页。

个阶段的小结而言，考虑到文化文本的落脚点和探讨新的翻译方法和表现形式的节点，在逻辑思路上是可以的，但落脚到胡适的名下，并不是一个时代的结束可以担当得起的。他们四位毕竟基本上是属于同一个时代的人啊！

此后，半个多世纪以来，《哀希腊》的译本不少，但以查良铮的译本最为重要。这不仅是因为在解放以后又一次形成高潮的译本中，查译比较早，于 1980 年由人民文学出版社出版，而且因为译者是在统一体例下，与《唐璜》全书的翻译相谐调的原则下翻译了这首《哀希腊》的。而在译诗的正文之外，另有注释说明。但是更为重要的，乃是相对于以上四位早期译者，查良铮生活在一个经历了战乱而又相对平静的和平时代，虽然他的余生一直处于政治迫害和精神压力之下，但相对而言，追求艺术的完美还是占据了主要的位置，虽然这种追求几乎是在秘密的翻译活动中进行的。在这个意义上，也许可以说，就感情经历和诗人气质而言，查良铮和苏曼殊有更多的共同点——只是在诗歌翻译的形式追求上一新一旧罢了。

作为一个对新诗有过深远探索的诗人，查良铮对于诗歌语言的敏感度与驾驭力毕竟是独特的。作为翻译家，他当然理解，面对一个个对语言极其敏感又富于激情和思想的优秀的外国诗人，翻译的过程正是译者摸索开发本族语潜能、使本族语张力最大化的过程。要对得起原作和原作者，译者的辛苦创造必不可少。然而，意识形态的导向仍然在起着重大的作用。五六十年代的主流意识形态提倡使用大众化的语言，从民间文学中汲取养分，用民歌体进行诗歌创作。不少诗人作家竞相响应这种导向，难免忽视了吸收外来诗歌作品艺术性的必要性，千篇一律地创作出了“穿制服的文学”作品，以达到政治宣传的目的。在那个艺术高度一体化的时代，查良铮在诗歌翻译过程中始终坚持借助翻译外国诗歌来开辟白话诗的新境界，以便兼顾诗的形式与内容的艺术统一和诗的审美价值与社会价值的统一性原则。

另一方面，也可以说，正因为查良铮对于“五四”以来的新诗和白话诗的局限有着清醒的认识，他才十分注意自己独特的语言来源和艺术化的语言质量。注意吸收外国语言的精华，以及英语文学和俄语文学的精华，是他译诗成功的真正秘诀。他坚持在译诗过程中字斟句酌，对语言千锤百炼，以求尽可能地传达出原诗的神韵。但他这样主张和这些做法，绝不是提倡生硬的翻译和机械地照搬西方诗歌的语言和形式，如同时代一些人所做的那样；也不是从概念出发，一味强调翻译中归化和异化倾向，或者把文学翻译变成文化翻译，而是要融合和借鉴外国好的东西，以为我所用，发展自己的新诗艺术。

关于查译《哀希腊》，在技术层面上，有以下几点简评性的认识：

1.译文准确、严谨，原诗的韵律基本保持，风格是浪漫派诗歌的，激情溢于言表，语言崇高脱俗，为现代汉语标准基调。重要的背景知识，主要是人名、地名、神话、历史等知识有简明扼要的注释，为读者提供了准确的阅读背景，也可见出译者每事必有出处的严谨译风。

2.有些地方加词，主要是为了保持原诗的语气和文采的丰盈。例如，第一句第二个“希腊群岛”前加“美丽的”，第二节第十五节等多处加感叹词“呵”表强烈的感情，第八节加感叹词“噫”表惊奇或轻蔑。有些地方故意改变原用词语，多有道理，例如第十四节把“法兰克人”改为“西方人”，因为这里泛指英法俄等西方大国，这样比较易懂，但似太泛，因为在中国读者看来，希腊也是西方。

3.译文力求生动，在有些地方，适当的口语和戏剧化的效果十分明显，例如第八节开头以“怎么，还是无声？”表示惊奇，继而回答“不是的！”表示转折，下来引了古代英魂的应答：“只要有一个活人/登高一呼,我们就来,就来!"最后,诗人以直露的评论口气说:"噫!倒只是活人不理不睬。"如此清晰的层次,自然的语气,可以说一点儿不亚于原诗。个别用词有汉语文化词语味道,与原诗意境未必相符合,例如第二节的"恋人的琵琶",第九节的"土耳其野番",其中的"琵琶"和"野番",归化程度不同,前者更不容易找到替换词。

4. 有些地方能够结合每一节诗的中心思想,通过变通深化语义。例如,第十四节的核心是提醒希腊人警惕西方人(法兰克人,特别是后面的拉丁人)的出卖,所以最后两行译为"但在御敌时,拉丁的欺骗/比土耳其的武力还更危险"。但此种译法,使得译文与原文字面脱离甚远,不便多用。

总体印象是,译诗与原诗的格调比较一致,有些局部的变动,也是服从整体效果,而古文词法和句法向现代语言的靠拢,也收到了统一的艺术效果。

以下是查译《哀希腊》全文:①

哀希腊

（一）

希腊群岛呵,美丽的希腊群岛!
　热情的莎弗在这里唱过恋歌,
在这里,战争与和平的艺术并兴,
　狄洛斯崛起,阿波罗跃出海波!
永恒的夏天还把海岛镀成金,
可是除了太阳,一切已经消沉。

① 见《唐璜》(上),人民文学出版社,1980年。

（二）

开奥的缪斯和蒂奥的缪斯，
　那英雄的竖琴，恋人的琵琶，
原在你的岸上博得了声誉，
　而今在这发源地反倒喑哑，——
呵，那歌声已远远向西流传，
　远超过你祖先的海岛乐园。

（三）

起伏的山峦望着马拉松，
　马拉松望着茫茫的海波；
我独自在那里冥想了一时，
　梦见希腊仍旧自由而快乐；
因为当我在波斯墓上站立，
我不能想象自己是个奴隶。

（四）

一个国王高高坐在山头上，
　瞭望着萨拉密挺立于海外，
千万只战船停靠在山脚下，
　还有多少队伍——全由他统率！
他在天亮时把他们数了数，
但在日落时他们到了何处？

（五）

呵，他们而今安在？还有你呢，
　我的祖国？在无声的土地上
英雄的颂歌如今喑哑了，
　那英雄的心也不再激荡！
难道你一向庄严的竖琴

竟至沦落到我的手里弹弄？

（六）

也好，置身在奴隶民族里，
　尽管荣誉都已在沦丧中，
至少，一个爱国志士的忧思，
　还使我在作歌时感到脸红；
因为，诗人在这儿有什么能为？
为希腊人含羞，对希腊国落泪。

（七）

我们难道只对好日子哭泣
　和惭愧？——我们的祖先却流血。
大地呵！把斯巴达人的遗骨
　从你的怀抱里送回来一些！
哪怕给我们三百勇士的三个，
让色茅霹雳的决死战复活！

（八）

怎么，还是无声？一切都沉寂？
　不是的！你听那古代的英魂
正像远方的瀑布一样喧哗，
　他们回答："只要有一个活人
登高一呼，我们就来，就来！"
噫！倒只是活人不理不睬。

（九）

算了，算了：试试别的调子；
　斟满一杯萨摩斯的美酒！
把战争留给土耳其野番吧，
　让开奥的葡萄的血汁倾流！

听呵，每一个酒鬼多么踊跃
响应这一个不荣誉的号召！

（一〇）

你们还保有庇瑞克的舞步，
　但庇瑞克的方阵哪里去了？
这是两课：为什么你们偏把
　那高尚而刚强的一课忘掉？
凯德谟斯给你们造了字体——
难道他是为了传授给奴隶？

（一一）

斟满一杯萨摩斯的美酒！
　让我们且抛开这样的话题！
这美酒曾使阿那克瑞翁
　发为神圣的歌；是的，他屈于
波里克瑞底斯，一个暴君，
但这暴君至少是我们国人。

（一二）

克索尼萨斯的一个暴君
　是自由的最忠勇的朋友，
那暴君是密尔蒂阿底斯！
　呵，但愿现在我们能够有
一个暴君和他一样精明，
他会团结我们不受人欺凌！

（一三）

斟满一杯萨摩斯的美酒！
　在苏里的山中，巴加的岸上，
住着一族人的勇敢的子孙，

不愧是道瑞斯的母亲所养，
在那里，也许种子已经播散，
是赫剌克勒斯血统的真传。

（一四）

别相信西方人会带来自由，
他们有一个作买卖的国王；
本土的利剑，本土的士兵，
是冲锋陷阵的唯一希望；
但在御敌时，拉丁的欺骗
比土耳其的武力还更危险。

（一五）

呵，斟满一杯萨摩斯的美酒！
树荫下舞蹈着我们的姑娘，
我看见她们的黑眼睛闪耀；
但是，望着每一个鲜艳的女郎，
我的眼就为火热的泪所迷：
这乳房难道也要哺育奴隶？

（一六）

让我登上苏尼阿的悬崖，
在那里，将只有我和那海浪
可以听见彼此的低语飘送，
让我像天鹅一样歌尽而亡；
我不要奴隶的国度属于我——
干脆把那萨摩斯酒杯打破！

最后，关于拜伦的《唐璜》，尤其是《哀希腊》部分的翻译，势必要放在整个中国近现代文学翻译史上加以简要的评论。毫无疑问，在拜伦的杰作《唐璜》中，《哀希腊》是最辉煌的篇章。在英诗汉译史上，不同阶段出现的不同译本，不仅反映了汉语语言的变化，诗歌体制的更易，而且反映了翻译方法和观念的更新替代过程。若以上述三类译本为例，则可见出大体的发展趋势如下：

1. 从体制上来看，从以古体仿拟到以松散的古体诗翻译再到仿照原诗格式创建格律诗的演变过程，呈现为在形式上愈以异化而最终进入形式移植的发展局势。

2. 从复译的规律来看，《哀希腊》的语义也在发生变化，由大体上是译述到译写参半再到严格意义上的诗歌翻译的演变轨迹，其中细节的真实愈以明显和讲究，误译则逐渐减少。

3. 最后，就总体风格表现而言，怀古的情绪笼罩多于浪漫气质的宣泄是古体诗翻译的共同点，而移植式新译则趋向于语言直白和高歌基调，其中的变化倾向于英诗意境和现代诗趣味的合一状。

在以上三点认识的基础上，如何进一步认识和评价呢？

首要的问题，就是何种诗歌体制更加适合拜伦的《哀希腊》。其回答当然是新译，即仿照原诗体制以现代汉语诗歌语言翻译的格律诗，这种体制不但具有翻译体的嫌疑，而且就是地地道道的翻译体。质而言之，这种翻译体是中国翻译文学所独有的一种现代格律诗，或者说是外国文学在中国诗歌园地里一种复活的古典格律体。它在中国古典诗体向现代格律体的转换过程中，起过和仍然起着重要的促进新生的中介作用。不过迄今为止，经过了自由诗阶段，这种自创的格律体，已经和现代派诗风产生了较大的审美距离。这也是毋庸置疑的。

毋庸讳言，一种翻译诗体的标准化的形成，应当说有一个过程，其实质也就是西方文学经典中的诗歌的中文译本经典化的过程。经过了数代人的努力，按照原诗格律进行翻译的形式化追求——从亦步亦趋到以顿代步，再到以字数代音节——可以说基本上已经完成，甚至有点过分。就查良铮的译文而言，它是处于新格律体的早期，又处于个人翻译的晚期，自然有其本身的条件和局限。他自己是写现代诗的，能在译格律体时摆脱现代诗的过多的口语化和语言现代化倾向，利用文言句法词法和现代汉语的文学语言形式，熔铸成一种独特的拜伦式浪漫诗风，其实是不容易的。其后的译本，例如顾子欣的1996年的《哀希腊》译本，基本上也是沿用了这一格局，不过在语言上更加现代书面语化，翻译上也更加直白一些罢了。

但若从翻译文学史的角度来看，或者更多地从翻译文学产生和发展的社会历史条件及其对主体文化的改造与国民心理的建构的影响来看，则可以有另外一番景观，从中可以得到另外一种启示。正是从这一宏观的历史角度，廖七一教授如此总结了这一《哀希腊》翻译的百年史：

> 经过几代学人的译介和构建，拜伦连同他的《哀希腊》在本土化的过程中，其影响早已超越了文学的范畴而融入近代民族精神的建构，成为民族的集体意识和符号象征。《哀希腊》的翻译，从梁启超到查良铮，从来就没有试图用"率直的真实代替象征性真实"。一百多年以来，《哀希腊》在中国的译介更多的是"直觉观念的表达"，是一种"（情感）参与的工具"，是中国历史语境中翻译家对公共叙述的表征和建构。可以确信，在民族救亡、民族复兴或个人意志遭到漠视的关键时刻，总会有人重新翻译《哀希腊》，《哀希腊》也总能给国人带来希望、信心和勇气。①

① 廖七一：《中国近代翻译思想的嬗变》，南开大学出版社，2010年，第304—305页。

第三节　不朽的丰碑:《唐璜》的译竟

《唐璜》是英国浪漫派诗人拜伦的政治讽刺长诗,也是查良铮先生继翻译普希金的《奥涅金》以后,另一部代表他的最高成就的翻译巨著。为此,耗费了诗人翻译家十多年的生命。

那么,《唐璜》是一部什么样的书呢?它的主人公是什么样的性格呢?

> 在西欧的古老传说中,堂璜原是西班牙一个荒淫无耻的花花太岁。而在拜伦的笔下,他却成了一个虽然风流成性却也端方正直、热情勇敢的英俊青年,他生活的时代也移到了18世纪末叶。全诗的主要情节是:堂璜16岁时便与街邻少妇私通,奸情败露后被迫离开西班牙;航船在海上遇险沉没,堂璜漂流到一座小岛,与海盗头子的女儿相爱,又被海盗头子活活拆散;堂璜被卖为奴,进入土耳其后宫,被王妃看上,又险些被她杀害;逃出后,投入了攻击土耳其的俄国军队,因立有战功,被俄军统帅派往彼得堡向女皇呈送捷报,从此成为女皇的宠臣;后来又被女皇派往英国处理外交事务。长诗的写作因拜伦赴希腊而中断,没有完成;按照拜伦原来的意图,还想"让主人公周游欧洲",最后参加法国大革命并在革命中死去。①

在《唐璜》的第一章,诗人拜伦是把唐璜当作一位可以传颂的

① 《拜伦诗选》,杨德豫译,外语教学与研究出版社,2011年,"前言"第5—6页。

英雄来写的。他在一开篇就写出了自己寻找英雄的苦衷：

> 说来新鲜，我苦于没有英雄可写，
> 　尽管当今之世，英雄是迭出不穷，
> 年年有，月月有，报刊上连篇累牍，
> 　而后才又发现：他算不得真英雄；
> 因此，对这些我就不人云亦云了，
> 　而想把我们的老友唐璜来传诵——
> 我们都看过他的戏，他够短寿，
> 似乎未及夭年就被小鬼给带走。
>
> （第一章第一节）

不管我们能否说，诗人穆旦也是"苦于没有英雄可写"，才转而翻译拜伦的《唐璜》的，我们都要感谢翻译家查良铮给我们留下了这么一笔丰厚的文学遗产。那么，就让我们追随查良铮艰难的译介足迹，步入拜伦笔下的《唐璜》奇幻的人生历程吧。

一、"不让我工作，就等于让我死"

据查良铮的子女撰文回忆，查良铮早在1962年解除了管制，在南开大学图书馆留用为一般职员，就开始了他最大的一项翻译工程——《唐璜》的翻译工作。由于他白天要劳动和汇报思想，只能把晚上和节假日全都用于翻译。几年含辛茹苦，时常废寝忘食，到了1965年，这部巨著的初译工作终于完成了。适逢1966年"文革"爆发，查良铮被批斗，抄家，关"牛棚"，接受劳动改造。虽然经历了重重苦难和身心摧残，而他最挂牵的还是《唐璜》的翻译和译稿的保存与出版。

查良铮的子女在回忆中讲了这样一件事。1966年8月的一个晚上,红卫兵们又来抄家,把一堆书籍、稿纸向火里扔去。直到午夜,陪斗交代"问题"的查良铮才被释放回家。为了宽慰家人,他说红卫兵对他"没有过火行为"。但是当他看到满地的碎纸和文稿时,脸色顿时变得铁青,不顾一切地"奔到一个箱盖已被扔在一边的书箱前,从书箱里拿出一叠厚厚的稿纸,紧紧地抓在发抖的手里"。那正是他费尽心血完成的《唐璜》译稿。万幸的是,虽然那一千多页写得密密麻麻的译稿给搞得乱七八糟,毕竟基本上保留下来了。

> 似乎是要把被剥夺的时间补回来,他又争分夺秒地开始了修改和注释《唐璜》的译稿。那时父亲经常晚间下班后到图书馆的书库里查找有关注释《唐璜》的材料,很晚才回来。记得一次查到一个多月未能找到的注释材料,回家后马上对母亲讲,狂喜之情溢于言表。父亲曾说过,《唐璜》是他读过的诗中最优美的,有些《唐璜》的注释本身就像一首诗。优美的文字经常使父亲陶醉,有时他还会朗读原文给我们听,然后又读出他的译文。这时是父亲最高兴的时候。父亲曾对朋友说,许多中国人读不到这样优美的诗,实在是一大憾事。①

以上资料,见于查良铮子女联合署名"英明瑗平"的文章《言传身教,永世不忘——再忆父亲》。关于查译《唐璜》修改的事情,大约开始于1972年。当时,查良铮结束了农场劳改,回到南开大学图书馆。同年8月,一直支持他进行诗歌翻译的好友萧珊病逝,他极为悲痛。为了纪念亡友,也为了忘掉悲伤,查良铮埋头补译丢失的《唐璜》译稿中的一些章节和注释部分,并修改了其他章

① 英明瑗平:《言传身教,永世不忘——再忆父亲》,载《丰富和丰富的痛苦》,北京师范大学出版社,1997年,第225—226页。

节。又是一段时间夜以继日的紧张工作,到了1973年,《唐璜》终于全部整理、修改、注释完毕。他在《唐璜》手稿的封页上记下这样的字迹:"1972年8月7日起三次修改,距初译约11年矣。"查良铮试探性地给人民文学出版社去信询问可否接受出版,接到"寄来看看"的回复,他觉得自己艰辛劳动的成果还有一线希望发表,能得到社会的承认,有些宽慰。他满怀希望,亲自去商店买来牛皮纸将译稿包裹好,然后送到邮局。然而在动荡的"文革"期间,查良铮的《唐璜》译稿寄出以后,却像泥牛入海一样没有了消息。

1976年初,查良铮不慎摔断了左腿,因不能及时得到医疗而导致伤病恶化。同年10月,粉碎"四人帮"以后,查良铮托人到出版社打听《唐璜》译稿的下落,得知译稿仍然还保存在出版社,并且有可能留用,心情安慰了许多。在给朋友的信中,查良铮声称《唐璜》在他译的东西里面是"最精彩"的一种,遗憾的是,直到他1977年去世都没能看到《唐璜》的出版。1980年7月,几经波折以后,人民文学出版社终于出版了查译《唐璜》。1985年5月,查良铮骨灰移葬于北京香山脚下的万安公墓,墓中同葬的就有一部他翻译的《唐璜》。

翻译是一种生存方式。在最潦倒窘迫的状态下,查良铮一直坚持修改普希金旧译,一面补译《唐璜》,不是毫无理由的。不利的社会环境和寄人篱下的现实待遇,使查良铮更深切地体会到普希金、拜伦的思想追求与人生感受。这三位著名的诗人,虽然国籍不同,时代不同,语言各异,性格各异,但却有相类似的顽强秉性和不为世俗所容的共同命运。他们每一个人都有不幸的遭遇,都被当权者所抛弃——拜伦一直生活在诽谤攻击之中,最后被迫流亡国外,到死未能返回祖国。普希金一生因反抗暴政主张自由,屡遭流放,最后死于沙皇统治者策划的决斗阴谋之中。与之相类似,查良铮满怀赤诚万里归来报效祖国,后来却一直备受打击，受到不公正的待遇，到死都没能得到平反。这一切，使翻译家查良铮能够更好地理解拜伦和普希金的遭遇，理解他们作品中描述的个人性格和社会现实的冲突的实质。

杜甫有诗说："文章憎命达，魑魅喜人过。"在某种意义上，正是因为现实人生理想的幻灭、社会斗争中反抗的失败，才导致了杰出的讽刺叙事诗《唐璜》的产生。同样，在乌云遮天、偏见横行的时代，查良铮反复苦译、改译《唐璜》，其实是在和个人所受到的不公的命运和残余的封建专制思想进行无言的抗争。在个性特征方面，在对现实的批判态度以及远大而高尚的人生理想等方面，查良铮与拜伦、普希金都是相似的。他们都具有爱憎分明、意志顽强、孤傲不驯的意志品质和性格特征。在各自不同的语言能力以外，这些相似的品质和特征也是查良铮能够传神地译出《唐璜》的一个内在的原因。共同的社会批判意识，使得查良铮终于选择了《唐璜》这样一部政治讽刺诗作为自己翻译事业的主体工程，这是不难理解的。

不过，文学评论家也许不这样看，尽管"文字毕竟是知识分子寻找心灵净土的地方"，赵毅衡如是说。而诗人的原创性环境和译诗者的当下状态，是太过悬殊了。

> 谁也不知道每天晚上，他继续在磨研他的《唐璜》译稿。拜伦虽然用了一生最后五年时间写下这首长诗，但是他一边还写其他著作，在偷情恋爱，办煽动杂志，参与异国革命。他绝对不可能想到，一百五十年后，会有一个中国诗人，十年如一日，精心转达他描写一个登徒子冒险的潇洒而旷达的诗行："拜伦式英雄"的豪情，与穆旦的处境，可谓天差地别。①

① 赵毅衡：《穆旦：下过地狱的诗人》，载《作家》，2003年第4期，第23页。

二、"千万端机缘和你的火凝成"

查良铮选译《唐璜》,是一个重大的决策。

查译《唐璜》是查良铮用尽心血使自己的诗歌翻译艺术得以升华到最高水平的妙译佳构。如前所述,查良铮选择《唐璜》进行翻译,首先要考虑的一个难题就是篇幅大。

拜伦的《唐璜》,与荷马的《奥德赛》、歌德的《浮士德》、弥尔顿的《失乐园》等长诗一样,都是西方文学史上的鸿篇巨制,有严谨的构思和宏大的结构、重大的主题和辉煌的艺术,体现了诗人"建筑的匠心"和高潮的艺术手法。这部写作于 1818 年到 1823 年的一万六千余行的长诗,是诗人拜伦在完成了《哈罗德游记》《审判的幻景》《青铜时代》等一系列长诗和诗剧《该隐》《曼弗瑞德》以后,倾全力创作的一部巨著。

> ……它以整个欧洲为背景,用史诗般的、百科全书般的宏大规模,从各个不同的侧面和角度,运用千变万化的手法,广泛地、真实而又深刻地反映了 18 世纪末叶到 19 世纪初期欧洲的政治和社会面貌,是对整个时代、整个社会的写照、评论和总结。……
>
> 长诗历历如绘地记叙和描写了唐璜的所见、所闻、所历与所作所为,同时又连连不断地插入诗人自己的妙趣横生、鞭辟入里的议论和评说,而讽刺的基调便贯穿在记叙和议论这两者之中。诗人讽刺暴君和专制暴政,讽刺王室、大臣、将帅、教会和御用文人,讽刺攻城略地、杀人盈野的战争,讽刺武装镇压集会示威群众的血腥暴行,讽刺贵族豪门绅士淑女的虚伪、冷酷和卑劣,讽刺"上流社会"的政治角逐、社交活动和家庭生活,讽刺被视为天经地义的宗教、法律、道德规范和

> 风尚习俗……总之,是对英国和整个欧洲贵族社会和贵族政治的无情揭露和深刻批判。无怪乎拜伦自己曾经说过:《唐璜》是一部讽刺史诗。①

须知西方的长诗或史诗,其准备创作和修改过程复杂,历时长久,完全不像中国诗所习惯的"即兴""口占"一类短诗,凭着眼前的景物的提醒,在诗性激奋的顿悟间,在语言充溢的一刹那自然流露而成。欧洲的诗人写成一部长诗,往往耗尽十几年或几十年的心血,倾注了诗人毕生的社会经验与艺术理想。所以诗人梁宗岱先生在《诗与真·诗与真二集》里说,对于翻译者来说,"要理解和欣赏一件经过更长的火候和更强烈的集中创造出来的艺术品必定需要更久的注意和更大的努力——两者都不是现在一般读者所能供给的"②。而查良铮先生在译《唐璜》时,正是他最孤苦困顿的岁月,平常的生活尚且不能保证,还要进行这样的巨大工程,自然是自找苦吃,难上加难了。好在查良铮是一个有恒心、有作为的翻译家,经过反复诵读,长期笔耕,多次修改,一部无愧于原作的文学译本在中国诞生了。

其次,就是《唐璜》的艺术性强,语言和翻译技巧要求高。

《唐璜》是英国杰出的浪漫主义诗人拜伦的一部政治讽刺诗。拜伦吸收和改造了意大利八行体而写成此诗,将原来的每行八音节延长为十音节,这样,就便于英文表达时能容纳较为复杂的内容以及表达本身的灵活性。同时保留了八行诗节五步抑扬格的格局,韵式仍然为 abababcc。本来,这种诗体就有显著的优点,即能够适用口语风格,在高明的诗人笔下更能做到庄谐并陈,伸缩

---

① 《拜伦诗选》,杨德豫译,外语教学与研究出版社,2011 年,"前言"第 6 页。

② 梁宗岱:《诗与真·诗与真二集》,北京,外国文学出版社,1984 年,第 204 页。

自如，同时它又有格律，有脚韵，保持了诗歌的形式和特色。拜伦的创作，长期在古典主义原则和浪漫主义原则之间摇摆不定，最后终于调和了两者而找到了这样一种新的讽刺模拟诗体，可以充满幻想毫无拘束地表达自己的政治理想和实际观察。另外，他还惯用高潮突降法和怪诞不协调的事物，作为八行体中能充分包容的内容和独特的风格要素。

王佐良先生在查译《唐璜》"序言"中说的一段话，既涉及拜伦的卓越的诗才，也说明了他和其他英国诗人的异同。他说：

> 英国文学史上，还没有见过另一个诗人运用口语体到达如此淋漓尽致的地步的。拜伦所心折的蒲伯也擅长口语体，但是他虽在功力与细致上超过拜伦，却做不到这样的奔放，这样的凌厉无前。至于当时的浪漫诗人，虽然各有所长——雪莱的天马行空、济慈的真挚俊逸，以及老一代华兹华斯在其初期作品中的朴素清新和柯勒律治的瑰奇和音乐美，都有拜伦不及的地方——但是在充分发掘英国诗歌的口语体潜力上，在把闲谈、故事、浪漫气氛结合得如此自然如此动人上，在表达当时欧洲而不仅仅是英国的现实的广度上，拜伦是独一无二的。①

在《唐璜》这样一部奇书中，在包罗万象的诗行背后，我们可以看出诗人拜伦的睿智与幽默。八行体韵式的特点是前六行隔行押韵，后两行互相押韵做结，这种前六行极事铺垫、后两行一锤定音的韵式，使得结尾后两行诗句格外醒目。拜伦利用这一点，

---

① 王佐良：《译本序》（1979年），载《唐璜》（上），人民文学出版社，1980年，第21页。

常在结尾的关键位置安排警句或“倒顶点”(anti-climax),造成冷不丁发人深思、使人感慨或忍俊不禁的艺术效果。这种规律性的安排在效果上与中国的一种娱乐形式“三句半”相类似,读者或听众在每一段的终了不得不格外留意,而结尾的寥寥数语大都会给人以深刻的印象。这种艺术形式非常适合于拜伦对《唐璜》的整体构思,即夹叙夹议,诗人不时地站出来说上几句,评论一番。

显然,要翻译这样一部有着鲜明体式和风格的长诗,再现其神气和风采,是件很不容易的事,但是查良铮做到了。之所以能够如此,就是因为查良铮翻译《唐璜》时,已进入翻译家个人的第三个阶段,即译事炉火纯青的阶段。王佐良先生在《穆旦的由来与归宿》一文中评价查译《唐璜》时说:“译者的一支能适应各种变化的诗笔,译者的白话体诗歌语言,译者对诗歌女神的脾气的熟悉,译者定要在文学上继续有所建树的决心——这一切都体现在这个译本中。”①查良铮在此之前就有了大量译诗的实践,他已经具备了“字的轻重和力量的感觉”“对于章法作用的深沉的,几乎有机的占有”“对于形式的连贯,对于文章各种单位的运用和对于那组成文章的意象之安排的审美力”②,这些足以使他在诗歌翻译的艺术效果上产生飞跃,超越前人,甚至在个别地方超越原诗。

查良铮翻译《唐璜》,是一个长期准备和缓慢完成的过程。

查良铮翻译《唐璜》这样一部文学巨著,不是一时心血来潮,一夜之间一挥而就,而是经过了长期的准备,由片段到整体的累

① 王佐良:《风格和风格的背后》,北京,人民日报出版社,1987年,第116页。

② 见梁宗岱:《诗与真·诗与真二集》,北京,外国文学出版社,1984年,第186页。

积与实验的漫长过程。他的夫人周与良在 1981 年 11 月为《拜伦诗选》写的出版“后记”里,说明了这一过程的关键所在,以及是怎样进行的:

> 一九七二年初步落实政策时,我由被查抄后发还的物品中找到了他的老朋友肖(萧)珊同志送他的英文本《拜伦全集》。他如获至宝,开始增译和修改一九五八年出版的《拜伦抒情诗集》,汇集成现在《拜伦诗选》。①

这一席话,特别是“增译和修改”,究竟意味着什么呢?

今天,我们在人民文学出版社出版的《穆旦译文集》(第 3 卷)的《拜伦诗选》中,还可以看到一九五八年版的这个集子。从目录上看,除了前面的译者撰写的《拜伦小传》,它的正文实际上是包括了三个部分的:

第一部分:短诗(实际上包含的是抒情诗)

第二部分:长诗选段(除了《英国诗人和苏格兰评论家》《海盗》《阿比杜斯的新娘》中的少数片段之外,主要是《恰尔德哈洛尔德游记》的 9 个片段和《唐璜》的 12 个片段)

第三部分:长诗(包括《科林斯的围攻》《锡雍的囚徒》《贝波》《审判的幻景》《青铜世纪》等长篇叙事诗)

其中《唐璜》中的 12 个片段所占的章数,按照顺序,已经有了第一、第三、第四、第五、第九、第十一、第十二、第十三、第十六各章,而不少章中还不止一节内容。也就是说,到此为止,译者基本上已经尝试译过了长诗《唐璜》各章内容的精彩片段了。需要指出的是:这里的一个片段不是一个诗节,因为其中有的片段实际

① 《穆旦译文集》(第 3 卷),人民文学出版社,2005 年,第 360 页。

上包含了多达10个诗节。第三章中可以独立成篇的《哀希腊》共有16节，已全译出来了（详见上一节）。

这至少意味着：

1. 在内容上，《唐璜》各章的主要内容包括情节和人物，已经在译者的头脑中有了比较清晰而连贯的印象。

2.《唐璜》不同部分的诗歌体制与风格，已经有了容许变化的摸索。

3.《唐璜》各部分的语言特点和词汇分布、句法变化，已经明了。

4.《唐璜》的试译工作，到此可以说已经基本完成。

当然，这些还不包括译者的具体的翻译策略和翻译方法的考虑。不过，至少在做了这样充分的准备以后，我们不难想象，翻译的效果就会有保证。何况此时的查良铮，已经是一个有经验的翻译家，而他的诗歌翻译艺术，已经达到了这样一种运用自如的程度。

三、《唐璜》："中国译诗艺术走向成熟的标志"

一个民族的重负，体现在一个人身上，而一个人的坚定的步伐，步入了一片风景。

在语言的花园里漫游，沿着诗歌的小径，查良铮，中国的拜伦，重新走过了唐璜——不，拜伦的历险历程。因为诗歌翻译需要一种激情，一种冲动，不仅仅是一种理智，一种语言。特别是翻译拜伦那样的诗人的诗作时，更是如此。

> 拜伦的诗歌同他的信件和残存的日记片断一样，出自一种被愉快的超然态度缓解了的焦躁不安的心绪，而不是出于精心阐述的文学理论，不是出于一种确定性的哲学，也不是出于提高公众情趣的愿望。一八一九年，拜伦对他的出版商

> 说:“我的写作,来自我全部的心灵,来自激情——来自冲动——来自多种动机——但绝非为了他们(公众)的‘美誉’。——我知道公众赞扬的精确价值是什么。”①

同样,查良铮翻译《唐璜》,也不是为了迎合当时公众的阅读兴趣。他清楚地知道,中国读者大多数没有读过像拜伦的《唐璜》这样好的诗歌——也没有这样的机会。因此,翻译才成为一种需要,一种必须。毕竟,诗歌是语言的艺术,而译诗的语言历经锤炼,对于一个人来说,会变得越来越纯熟,越来越老到。此时的查良铮,就语言的修炼和文本的熔铸而言,可以说已经进入炉火纯青的阶段——褪尽了文言词和单字组合的痕迹,入于文学语言的上品——上口、顺耳,语汇、句法、趣味,都合乎现代口语的要求。同时,他对原诗中闪光的亮点,也有着敏感的把握和传神的表达,真正做到了一切依照原作,雅俗如之,深浅如之,口气如之,文体如之。

翻译的语言和创作的语言有一个重要的区别。在创作中,穆旦从来不用古典诗词的所谓陈词滥调和固定不变的意象,而在翻译中,查良铮却不排斥借鉴古代汉语,文言入诗,妙语天成,化腐朽为神奇,有时化得不露痕迹,有时则可以看出明显的借用和仿拟。尤其是到了晚年一再修改的《唐璜》,更是堪为当代诗歌语言的典范。下面是一节译文:

> “余何所知哉?”这蒙田的座右铭
>
> 　　也成了最早的学院派的警语:

---

① 《牛津简明英国文学史》(修订本),谷启楠等译,人民文学出版社,2000年,第390—391页。

人所获知的一切都值得疑问，
　　这是他们最珍视的一个命题；
自然，哪儿有确定不移的事物
　　在这瞬息万变的大千世界里？
我们此生怎么办！这真是个谜，
连怀疑我恐怕都可加以怀疑。

（第九章第十七节）

在艺术借鉴方面而言，查良铮也是博采众长，广泛猎取。对于他近旁的艺术，都有涉猎。绘画上，从小就有浓厚的兴趣；音乐上，他喜欢女儿为他弹琵琶。身居津沽，他的思想开阔，毫无禁锢之感。他曾经写过相声艺术的论文，也受过苏联作家和马列文论的熏陶。这时，面对拜伦万花筒一般的语言，奇思妙想的诗句，译者自然是苦思冥想而能左右逢源。显然，查良铮的翻译充分发挥了中国传统说唱艺术——相声或双簧的艺术魅力。您看，貌似庄严的舞台上，正在表演英雄的悲剧，而在适当的位置上，表演者揭去面具，露出丑态一笑，或故意一进一退，使下绊脚石，或者费力搭起积木，然后再釜底抽薪，让其轰然倒塌。这种艺术技巧，体现在拜伦式的结构中，就是在八行诗节的末两句出现的倒顶点和警句，例如，下面两行位于八行诗末尾的诗句，就尖锐地讽刺了那些道貌岸然的纨绔子弟，查良铮都能译得神形兼备：

骑马，击剑，射击，他已样样熟练，
还会爬墙翻越碉堡——或者尼庵。

（第一章第三十八节）

还有讽刺贵族家庭毫无爱情的婚姻的诗句，照样译得十分传神：

他们的结合使大家无不称颂，
又安恬又高贵——只是有些冰冷。
（第十四章第八十六节）

以上虽然是局部效果，但这些局部效果在译作中的实现，却体现了原作一种整体性的叙事结构。《唐璜》不仅借助一个传统的英雄在拜伦时代的欧洲各国旅行的故事，主人公一路上的所见所闻、所行所思，而且还有诗人拜伦自己对现实和历史的感受和评价，穿插其间。作为叙事艺术，这一原作的叙事结构和评论角度，是准确而完整地保留了；作为诗歌艺术，在整体效果的追求上，查良铮借助的是整体诗行和韵脚的设置。在翻译八行诗体的时候，查良铮尽可能忠实地传达了原诗的内容，同时也注意到如何传达诗歌形式的问题。例如，在建行问题上基本和原诗保持一致，排列上也一模一样。但原诗体韵式是abababcc，查良铮并没有拘泥于这种韵式，而是使每节诗的第二、四、六行押韵，基本上保持了原诗的韵律美，第七、八行押相同的韵，以突显末尾两句的思想内容。这样一种格式的设置，虽然并非十全十美，但是在考虑到中国读者的接受水平时，仍然不失为一个可以操作的翻译方案。这一点，可以说既保证了查译《唐璜》在译诗艺术追求上的高度和翻译操作上的活动空间，同时也有其局限——即制约查译诗歌质量的形式条件。

虽然查良铮翻译《唐璜》韵脚的原则与他翻译普希金叙事诗有共通之处，但在诗歌语言的运用上，则由于译出语言俄语和英语的特点不同而有所不同。作为译入语来说，译者和原诗作者一样，都是尽量运用鲜活的口语表达灵巧而有生气、同时杂以庄重的书面语言，以便取得亦庄亦谐的艺术效果。这一点，由于《唐璜》的翻译较之《奥涅金》要晚，而译者的译笔也就趋于更加成熟和老练，这样，在翻译拜伦的《唐璜》时显得更加突出。在风格上，经历了生活的磨炼和灵魂的洗礼之后，晚年的诗人的译风也有些许变异——尤其与普希金的华美与凌厉相比，拜伦的雄辩和大气，就更加容易调动诗人的政治情绪和反抗的伟力。请读者注意以下两个诗节中的韵律和节奏感以及语言使用上的特点：

你"杰出的刽子手呵，"——但别吃惊，
　　这是莎翁的话，用得恰如其分，
战争本来就是砍头和割气管，
　　除非它的事业有正义来批准。
假如你确曾演过仁德的角色，
　　世人而非世人的主子将会评定；
我倒很想知道谁能从滑铁卢
得到好处，除了你和你的恩主？

我不会恭维，你已饱尝了阿谀，
　　据说你很爱听，——这倒并不稀奇。
一个毕生从事开炮和冲锋的人，
　　也许终于对轰隆之声有些厌腻；
既然你爱甜言蜜语多于讽刺，
　　人们也就奉上一些颠倒的赞誉：
"各族的救星"呀，——其实远未得救，
"欧洲的解放者"呀，——使她更不自由。

（第九章第四、五两节）

争取自由——个人的和民族的自由——正是贯穿《唐璜》全诗的主要精神。由于惠灵顿侥幸打败了拿破仑，英国和全欧洲的保守反动势力纷纷向他歌功颂德，把他当作最伟大的偶像来崇拜，而拜伦却在《唐璜》里替他描绘了这样一副嘴脸。这一问一答的最后两行是何等地一针见血！同样，查良铮在艺术地再现原诗讽刺内容的同时，还采用了适当的诗歌形式与诗歌语言，兼顾了诗歌的音律美与内容美。这是译者在译诗风格上做出的大胆而有成效的探索。

拜伦把轻浮的讽刺笔调留给虚伪的人和事，但是当他写海黛那样的纯真少女的时候，他的笔下便没有半点轻浮。查良铮同样如此，该辛辣处入木三分，毫不留情，清新浪漫处也同样地沁人心脾。查译《唐璜》的精彩段落俯拾即是，以下是描写《海黛》爱情的纯真境界：

海黛没有忧虑，并不要求盟誓，
　自己也不发誓，因为她没听过
一个钟情的少女会被人欺骗，
　或必须有种种诺言才能结合；
她真纯而无知得像一只小鸟，
　在飞奔自己的伴侣时只有快乐，
从来不曾梦想到中途变心，
所以一个字也没有提到忠贞。

（第二章第一九〇节）

在这里，拜伦写出了他心目中理想的爱情，描画出了他的正面人物。这里不再是无聊的调情和叫人厌腻的勾引，而是叫人心动的青年男女之间真诚的爱慕行为和纯真的心理表现。通过自己的译笔，诗人翻译家查良铮也使我们感受到了这清新的爱情。同样，当诗人写到唐璜被海黛的父亲设计捆绑强拉上船的时候，译者笔下的诗节在抒发诗人感慨与评论的时候，照样叫人深为感叹，而细心品味又不乏趣味：

> 人世间净是些变幻莫测的事，
> 目前这件事就很叫人不舒畅。
> 你看：一个年轻而漂亮的绅士
> 正享受着世间给他的一切恩赏，
> 而在他最料不到会出岔的一刻，
> 他竟被人捆起来送到了海上；
> 受了伤还捆着，好叫他不能动，
> 这一切只因为有位小姐钟了情。
>
> （第四章第五十一节）

外国的长诗很多都已经有了中国译本，但像查译《唐璜》这样一气呵成，基本上遵循原诗格律并能译得如此神似的似乎还没有。除了其他许多内在的和外在的因素之外，翻译单位的大小是十分重要的原因之一：查译《唐璜》基本上是以诗节为单位进行翻译转换的。因为翻译的单位相对较大，可以调动的因素较多，而且活动余地也大，所以译者的语言操作和匠心独运才有足够的运行空间。我们甚至可以说，尽管查译之后会有新的译本，而这些新的译本也可能在诗歌形式上更加靠近原诗状态，但是，在综合效果上能达到查译水平的，却是凤毛麟角。

有一个现象不能不提，关于查译拜伦诗，是有深刻的动机的。查良铮晚年在给老友杜运燮、巫宁坤和青年朋友郭保卫的信中，不止一次提到拜伦诗歌的重要性。基本上，他是把拜伦诗歌的翻译放在最理想的外国诗对中国新诗影响的天平上来估量其意义的。1976 年 12 月 29 日，就是在得知“四人帮”已经倒台、国内政治形势将发生重大变化的时候，查良铮写信给老友杜运燮，提起拜伦诗歌翻译问题：

> 我由于接受鼓励，今日把拜伦抒情诗（已译过的）整理，又添了新的，再加已译而未出的叙事诗，想集合一下，弄一本《拜伦诗选》，四百多页。我相信中国的新诗如不接受外国影响则弄不出有意思的结果。这种拜伦诗很有用途，可发挥相当影响。不只在形式，尤在内容，即诗思的深度上起作用。①

1977年1月3日，查良铮又在给郭保卫的信中，谈起系统翻译《拜伦抒情诗选》的问题，而且针对“四人帮”时期流行的小靳庄诗歌，甚至企图恢复三四十年代的现代诗辉煌的努力联系起来，可见其对拜伦诗歌的翻译，寄予很大的希望。

> 这些天，我就把以前出版过的《拜伦抒情诗选》重改，又译了一些，想把他的抒情诗和长诗结合起来成一《拜伦诗选》。我相信他的诗对我国新诗应发生影响；他有些很好的现实主义诗歌，可又是浪漫主义的大师，两者都兼，很有可学之处，而且有进步的一面。
>
> ……现在时兴的，还是小靳庄之类的诗，如果能改变成三四十年代的新诗，那就很不易了，标语口号诗一时不易（也许永远得存在）。我想翻译的外国诗应可借鉴，如能登些这类诗，给大家换换胃口，也是好事。②

① 《穆旦诗文集》（第2卷），人民文学出版社，2006年，第148页。

② 同上，第223页。

1月5日，查良铮在给老友巫宁坤的信中，关于拜伦及其诗歌，写得更深入而具体了：

> 关于拜伦，我有了比较清楚的认识，他的辉煌之作不在于那些缠绵悱恻的心灵细腻的多情之作，而是在于他那粗犷的对现世的嘲讽，那无情而俏皮的，和技巧多种多样的手笔，一句话，惊人，而且和廿世纪的读者非常合拍，今日读《唐璜》，很多片断犹如现代写出一般，毫不觉其 dated。……称之为现实主义的诗歌无愧，而且写得多有意思！这里的艺术很值得学习。①

在总结查译《唐璜》的翻译经验和成功秘诀时，我们不能不想到，查良铮虽然历遭劫难，却有了充足的时间来惨淡经营这样一部讽刺长诗的翻译。虽然翻译是丧失了创作机会以后他所能进行的第二位的工作，或者说是一种再创作，但是对于诗人诗艺的成熟到了炉火纯青的地步，甚至对于诗人最后的诗歌创作的高峰，却是必不可少的，甚至是产生了重大的影响的。诗人翻译家的好友王佐良先生有下面一段总结，可谓得其个中三昧：

> 似乎在翻译《唐璜》的过程里，查良铮变成了一个更老练更能干的诗人，他的诗歌语言也更流畅了，这两大卷译诗几乎可以一读到底，就像拜伦的原作一样。中国的文学翻译界虽然能人迭出，这样的流畅，这样的原作与译文的合拍，而且是这样长距离大部头的合拍，过去是没有人做到了的。诗歌翻译需要译者的诗才，但通过翻译诗才不是受到侵蚀，而是

① 《穆旦诗文集》(第2卷)，人民文学出版社，2006年，第178页。

> 受到滋润。能译《唐璜》的诗人才能写出《冬》那样的诗。诗人穆旦终于成为翻译家查良铮,这当中是有曲折的,但也许不是一个坏的归宿。①

卞之琳先生称誉《唐璜》的翻译是"中国译诗艺术走向成熟的标志"。

赵毅衡先生评论说:"穆旦虽然一生受辱,而且天不借年,但是他在文学史上的身影,随着时间的流逝而越来越高大。"

今天,尽管有人提出穆旦在那个年代,花费如此大的精力翻译《唐璜》可能选择不当,或者得不偿失,但人们没有想一想,从翻译文学史的角度而言,从翻译文学经典的角度而言,这一选择无疑是恰当的,无论付出多大的代价,都是值得的。我想,王佐良、卞之琳、赵毅衡们的话,正是基于这样的人生而有感而发的。

---

① 王佐良:《穆旦:由来与归宿》,载《一个民族已经起来——怀念诗人翻译家穆旦》,江苏人民出版社,1987年,第10页。

第三章　现代派译诗先驱

现代派诗歌的翻译是一个问题。之所以是一个问题，首先是因为"五四"以来，中国现代派诗歌的创作是直接受到英美和欧洲其他国家的现代派诗歌的影响而开始的，并不是对中国古典诗歌的反叛就可以直接产生现代派的中国诗歌的。其次，现代派诗歌的翻译——和浪漫派诗歌的翻译不大一样——几乎与现代派诗歌的创作是同时进行、并行不悖的，因为大多数诗歌翻译家本身就是诗人，故而创作和翻译有一种天然的联盟。但这并不意味着现代派诗歌的翻译就没有问题了。恰恰相反，正是由于现代诗在中国不具有浪漫主义诗歌那样的传统，加之现代诗并不具有大家公认的一致的形式，所以现代诗的翻译要达到和创作一样的高度，就需要一种脱胎换骨的技法。可以毫不夸张地说，甚至迄今为止，现代诗的翻译仍然处在探索阶段。这就引起了第三个问题：如何翻译现代诗？正是在这一点上，现代派诗人穆旦在晚年成为现代派诗歌翻译家查良铮以后，他的现代诗的翻译活动，对于中国现代诗的发展而言，就具有了现代性的开拓的意义。

第一节　现代派诗歌：从头谈起

在中国当代的文学翻译中，诗歌翻译是一个令人望而生畏的偏僻领域，但也是一个十分诱人的翻译领域。例如，诗人穆旦的好朋友、英国诗歌及翻译专家王佐良先生，就要求他的学生如果从事文学翻译就一定要翻译诗歌。作为现代诗人，查良铮同时精通英语和俄语诗歌，熟悉浪漫派诗歌和现代派诗歌，这样，他就可以利用自己丰富的文学知识和诗歌才能，自由地出入于浪漫派和现代派诗歌的翻译传统，成功地模仿不同的诗歌表现形式，最终做出多方面的贡献。按照一般的了解，查良铮的现代派诗歌翻译，只是在他的晚年，在完成了英语和俄语的浪漫派诗歌翻译以后，觉得有些空余时间和精力的时候，才抽出一段为时不长的时间，翻译了一本《英国现代诗选》（湖南人民出版社，1985 年）。可惜天不假年，否则，他的现代派诗歌翻译的成就会更大。然而，这样的认识是有局限的。

事实上，查良铮的诗歌翻译，不仅从他在清华上学的时候就开始了，而且从一开始，他的翻译就包括现代派诗歌和一些现代诗歌评论作品，不过，那个时候，他的翻译还谈不上系统，但他不仅示人，也时有发表。

> 在 1940 年代，“穆旦”其实是兼有诗人和翻译者两种身份。关于翻译的材料其实有多种：约在 1939 年，还在大学阶段的穆旦即有过翻译之举，并曾向闻一多出示译诗；之后两三年内也有译作发表，包括翻译路易·麦克尼斯的评论《诗的晦涩》，分 11 次连载于 1941 年 2 月间的香港版《大公报》“文艺”、“学生界”两个副刊之上；译麦可·罗勃兹的评论《一个古典主义的死去》，分三次连载于 1941 年 11 月下旬的香港版《大公报》“文艺”副刊，亦分两次刊载于 1941 年 12 月中旬的桂林版《大公报》“文艺”副刊；翻译台·路易士的长诗《对死的密语》，并有《译后记》，刊载于 1942 年 7 月 5 日《文学

报》第3号;翻译太戈尔(按,今通译泰戈尔)的诗歌《献歌》,刊载于1943年5月14日《中南报》的"中南文艺"副刊。这些译作,署名都是穆旦。①

让我们把这个单子稍微做一梳理,并做一简要的评论:

1. 泰戈尔诗作《献诗》,当是散文诗,至今未被重新整理披露。
2. 路易士的长诗《对死的密语》,并有《译后记》,指出了此类诗人"点化现代事物的魔力"。
3. 《一个古典主义的死去》,诗论,引证了艾略特《传统与个人才能》《玄理诗派》,追溯到欧美古典诗歌的理论渊源,显示出现代派诗人的深厚与渊博。
4. 《诗的晦涩》,属于现代主义诗论,涉及里尔克、庞德、艾略特、叶芝,以及奥登、斯本特等新旧现代派代表人物的诗作及其评论。

这些早期的翻译活动,使我们有理由相信:

1. 穆旦早期的诗歌翻译和创作活动是一个交互作用的过程,而不是单一的行进。这一情况也许潜在地影响了他一生的翻译和创作,即一种双向的影响。
2. 穆旦的诗歌创作有其深厚的古典主义与现代主义诗歌理论的支撑,而不是单纯的模仿和创造。这也许可以有助于说明穆旦诗歌创作的高水平。
3. 穆旦早期的诗歌翻译活动,使他的诗歌视野不局限于英国诗歌和俄国诗歌,而是进入到对亚洲英语诗歌的关注。联系到穆旦的诗歌活动和范围,这里兼有时代的局限和诗人企图突破的努力。

① 易彬:《穆旦评传》,南京大学出版社,2012年,第98—99页。

4. 穆旦早期翻译和创作，无疑为其晚年的《英国现代诗选》奠定了理论和经验基础。而这一部分，以及穆旦的现代诗的翻译成就，却往往为人们所忽视。联系到现代诗的翻译本身，较之古典主义和浪漫主义，更需要深入的研究，那么，探讨这一主题，便具有极为重要的意义。

无独有偶，查良铮的亲戚周珏良先生在这本《英国现代诗选》的序言中，回忆了当时查良铮翻译诗歌的情况。他也许并不了解穆旦的早期翻译，但却正确地指出了穆旦诗歌翻译的深厚渊源，例如政治上不公正的待遇和不利的人生境遇、浪漫主义诗歌翻译的经验和语言准备，以及穆旦在晚年暗中翻译现代诗的情况。

> 他在五十年代初回国后不久就受到不公正的待遇，二十多年无法发表诗作，在从事于翻译普希金、拜伦、雪莱、济慈等为我国一般能接受的诗人的著作之余，于七十年代后半期又译了当时几乎无人过问的艾略特等人的诗，这就不是没有渊源的了。我特别记得一九七七年春节时在天津看见他。他向我说他又细读了奥登的诗，自信颇有体会，并且在翻译。那时他还不可能知道所译的奥登的诗还有发表的可能。所以这些译诗和附在后面代表他对原诗的见解的大量注释，纯粹是一种真正爱好的产物。①

翻译是一种跨文化的交流活动，尤其是文学翻译活动，在人类不同的文化单元和文学传统之间进行运作，因此，受到意识形态的影响是不言而喻的。如果说接触英美现代诗是在西南联大时期，从而对年轻的诗人穆旦的诗歌创作发生过巨大影响的话，

---

① 《英国现代诗选》，查良铮译，湖南人民出版社，1985 年，“序言”第 2 页。

那么，在中国大陆对西方现代派文学冷却处理几十年以后，穆旦能有可能翻译现代诗——一本署名"〔英〕多人著"的《英国现代诗选》，未始不是20世纪70年代初期中美关系解冻、主流意识形态放松时期的一个"捡漏"行为。

让我们来看一份时间表：

1972年，美国总统尼克松访华，处于敌对关系几十年的中美关系开始走向正常化。

1973年，周珏良把亲戚从美国带回来的一本英文版《西方现代诗选》转赠给查良铮，使得这位诗歌翻译家有了翻译现代诗的蓝本。

实际上，查良铮的现代诗的翻译工作在当年就已经开始了。

当然，除了这个大环境和第一文本的获得之外，还有一系列个人的社会的小环境因素，也在影响着查良铮的翻译活动。让我们把时间朝前推回一年，看一下这位大翻译家的真实的人生际遇。

1972年，查良铮从劳改农场返回南开大学图书馆，而夫人周与良已于前一年返回天津。那一年，长子查英传作为"黑五类子女"到内蒙古插队落户。返回天津的查良铮只能和次子查明传借住在学生宿舍楼一间紧靠水房的小房间。查良铮的工作是整理书籍，但每天要提前半小时"自愿打扫厕所"。

这一年八月，好友萧珊逝世。为了纪念好友也为了压抑悲痛，查良铮"埋头补译丢失的《唐璜》章节和注释，修改了其他章节，他又修订了《拜伦抒情诗选》，并增译拜伦的其他长诗"。到8月7日，《唐璜》三次修改完成。从动手翻译到完成，耗时十一年。

1973年4月，接南开大学通知，查良铮和夫人在天津第一饭店会见了美籍数学家西南联大时的老同学王宪钟。这一异乎寻常的外交活动似乎吐露出一丝松动的消息。查良铮有了一点点人身自由和政治自由，虽然很难说一点也没有政治的需要在其中起作用。

但是，实际上，生活的另一重阴影甚至比这一丝的喜悦还要更加具有讽刺性。

由于“父亲的问题”的影响，查英传在考了全县第一名的情况下，仍然没有获得当地政府的批准，没有能够上大学。至于入党，就更是难于上青天了。得到这样的消息，作为父亲的查良铮痛苦极了。

> 看过来信，父亲几天都一言不发，除了上班和吃饭，他都关上自己房门，埋头译诗，也许是想让他的笔来分担一些痛苦。有时，他好像是在惩罚自己。他不再吃鸡蛋，要留给小英回来吃；用了近10年的一条洗脸毛巾也不让换，“等小英能够回来之日再换”。①

1974年，查良铮把自己翻译的一些现代诗给一位在内蒙古插队返回天津的青年看，并且谈论诗歌翻译问题。年底，接到人民文学出版社的复音：“《唐璜》译文很好，现尚无条件出版，原稿社存。”

1975年，在翻译出版无望而又不能停止工作的情况下，57岁的查良铮在鲁迅文集《热风》的扉页上题写了这样的话：

> 有一分热，发一分光，就像萤火虫一般，也可以在黑暗里发一点光，不必等候炬火。

也就在这一年，大约是在翻译英国现代派诗歌的间隙，查良

---

① 英明瑷平：《忆父亲》，载《一个民族已经起来——怀念诗人翻译家穆旦》，江苏人民出版社，1987年，第137—138页。

铮在一小片纸上写下了创作中断近二十年以来的第一首诗《苍蝇》。他把这首诗寄给了好友——另一位九叶派诗人杜运燮。其中有这样的诗句：

> 自居为平等的生命，
> 你也来歌唱夏季；
> 是一种幻觉，理想，
> 把你吸引到这里，
> ……

1975年底，《英国现代诗选》翻译完成。

1985年5月，《英国现代诗选》由湖南人民出版社出版。此时距离诗人逝世已近九个年头，而距离诗稿译毕就已经整整十年了。

显然，作为现代诗的翻译家，查良铮不仅有现代诗人的创作经历和生活经验，而且他的翻译过程和氛围，可以说也是现代的，也就是说，翻译家是现代知识分子式地经受着时代的扭曲和心灵的折磨的。

那么，关于这个集子，我们又能说些什么呢？

还是来看一下周珏良先生的说法吧：

> 这本诗选是个诗人之选，而非学人之选。它不是一本各方面顾到，对各种流派、各种风格的诗人均有所反映，在大学课堂里可以用作教本的那种选集，而是一位诗人跨越了文化和语言的障碍，与在不同文化传统下用另一种文字写作的另一些诗人的心灵上交流的产物。因之它有不同于一般的特色。①

① 查良铮译：《英国现代诗选》，湖南人民出版社，1985年，"序言"第1页。

这个集子的选材，自然是现代派诗歌，但各家的选诗的多少，却又很不平衡。总体说来，是艾略特和奥登占了最大的篇幅，约三分之二的样子，其余的诗人包括斯彭德、刘易斯、麦克尼斯和叶芝。叶芝虽然重要，但选诗只有两首。按照周珏良的说法，可见这是一个未完成的译诗集稿。关于艾略特和奥登，我们将在下面分节讨论。这里就从叶芝开始，并且以其作为代表之一，来讨论查良铮的现代派诗歌的翻译情况。

实际上，而且名副其实的，叶芝是英语诗歌领域最早的现代派的代表。

第二节　叶芝：我们知道了他的梦

W. B. 叶芝(1865—1939)是爱尔兰著名诗人、剧作家。由于他在诗歌和戏剧领域的卓越贡献，被誉为"当代最伟大的诗人"，并于 1923 年荣获诺贝尔文学奖。叶芝还是 20 世纪初爱尔兰文艺复兴运动的主要领导人之一。他在青年时期积极参加爱尔兰独立运动，后来放弃政治活动，专心进行文学创作。但早期的政治活动对他的文学活动仍然很有影响。叶芝的父亲是画家，他本人也学过绘画。他在伦敦与唯美主义者王尔德相会，并编辑过英国浪漫派诗人布莱克的诗集，因此在浪漫主义之外，又受唯美主义和象征主义的影响。他还接受古典哲学、神学、荣格心理学、神话学、东方月相、藏传佛教等多种文化因素的影响，企图对历史演变、人类个性及灵魂永生等现象进行解释，故而他的诗歌具有相当的思想深度和很高的审美价值。

叶芝的爱情诗代表作之一《当你老了》，是献给爱尔兰运动的革命家莱德·岗女士的。她是叶芝终生所爱慕的女性，虽然献诗之时，她早已有了家庭。叶芝在诗中流露的复杂而细腻的爱情，终生不渝的坚持，十分感人，读来催人泪下。诗歌采用格律体，意境悠远，情绪绵绵，有很强的艺术魅力。著名歌曲《当你老了》就是以此诗为蓝本而创作的音乐佳作，不少人为其所感动而翻译了这首诗。著名诗人袁可嘉等人都翻译过这首诗。还有一首很著名的诗是《茵尼斯逍遥岛》，描写了幻想中的湖心岛美景和诗人归隐后的宁静心境，具有很强的感染力，可以说和中国古代的田园诗相比，丝毫也不逊色，而且平添了几分现代气息和些许异国情调。叶芝的诗歌音韵和意象都很美，很值得一读。可是，在查良铮的诗集中，叶芝的这两首诗都没有入选，而是选了早期的《一九一六年复活节》和晚年的《驶向拜占庭》。

可以说，在极为有限的条件下，毕竟，诗人穆旦还是有所选择的。

第一首《一九一六年复活节》，是为纪念爱尔兰一次失败了的争取民族独立的起义而写的，和中国革命战争的胜利情况当然有很大的差别。但是，在反映历史大转折的主题时，二者在其中所反映的一些心理层面的东西，却有着极为相似的内容。特别是联想到诗人穆旦和那一代知识分子的遭遇，以及一个民族在获得新生的过程中所经受的阵痛，这首诗里面的一些名句，就有了极为重要的意义。这种意义，特别是现代诗特有的反讽意味，在浪漫派的诗歌中是找不到的。

他也从荒诞的喜剧中
辞去了他扮演的角色，
他也和其他人相同，
变了，彻底地变了：
一种可怕的美已经诞生。

当我们联想到穆旦九死一生的战争生涯，以及他对于民族战争中的死难者的沉痛的哀悼之情的时候，当我们想到叶芝的诗中也包含了对于在起义中死去的战友的深深的怀念的时候，下面的句子，就格外地明白易懂了：

我们知道了他们的梦；
知道他们梦想过和已死去
就够了；何必管过多的爱
在死以前困惑着他们？

《驶向拜占庭》是另一种类型的诗歌。

古代的拜占庭位于当今的伊斯坦布尔，即东罗马帝国时期的都城。作为古代文明中心的拜占庭，在叶芝的心目中具有很高的地位。叶芝认为，公元6世纪查士丁尼皇帝统治下的拜占庭王朝(527—565)，是贵族文化的杰出代表，那时候的精神与物质、文艺与政教、个人与社会取得了和谐而统一的关系。因此，在面对现代人类文明的种种问题时，例如人欲横流和物质追求的片面性倾向时，诗人对于古代文明的鼎盛就抱以极大的希望。这不仅是一种精神的寄托，而且是一种理想的追求。因为对于诗人来说，拜占庭不仅是一个内容丰富的诗歌意象可以借用，更是一个超脱人间生死哀乐的往昔天堂而可以向往。

《驶向拜占庭》写于诗人的晚年，当时诗人已六十多岁，所以其中有从老年角度关注现实的眼光，因而夸大了同如今所谓的青年的文明的距离。实际上，老人是抒情主体，他在思考生与死、灵与肉、情感与理智、衰老与青春、艺术与现实等问题的时候，对于人生意义就达到了一种彻悟。而老年与青年的对立，从诗的一开始——即诗人驶向拜占庭途中对现实的思考——就可以看出来：

那不是老年人的国度。青年人
在互相拥抱;那垂死的世代,
树上的鸟,正从事他们的歌唱;

就这样简单的开头而言,如果说查良铮的翻译有点直硬的话,我们可以发现另一位著名诗人袁可嘉的翻译,甚至有点翻译过度:

那地方可不是老年人呆的。青年人
互相拥抱着,树上的鸟类
——那些垂死的世代——在歌吟。

关于老年与死亡的命题,蕴含了衰老拯救诗人出欲望因而使灵魂得到升华而欣喜的主题。其中有深刻的感悟和精彩的描写,诗人查良铮也有精彩的翻译:

一个衰颓的老人只是个废物,
是件破外衣支在一根木棍上,
除非灵魂拍手作歌,为了它的
皮囊的每个裂绽唱得更响亮;

当然,从这些新鲜而生疏的比喻中,我们不仅可以感到诗人对于人生意象的准确的把握和生动的传达,而且可以感到一丝陌生化和新异感在诗中透射出来。这正是叶芝诗歌艰涩深奥的隐语所在。

诗人想把自己认同于古代的文明,实际上并不是要人类退回古代的制度和物质状况,而是要进入古代的艺术和精神领域从而脱离开这自然的状态，由此得到一种精神的解脱和人格的升华。于是，古代的圣贤或天上的智者就成为一种感召，而上帝就是一种启示：

哦，智者们！立于上帝的神火中，
好像是壁画上嵌金的雕饰，
从神火中走出来吧，旋转当空，
请为我的灵魂作歌唱的教师。
把我的心烧尽，它被绑在一个
垂死的肉身上，为欲望所腐蚀，
已不知他原来是什么了；请尽快
把我采集进永恒的艺术安排。

“旋转当空”，或许需要做一点解释，须知诗人是靠意象来思考的。原来在叶芝的思想中，人类的历史是由正旋体和反旋体两种力量构成的合力结构，因此，这里的“旋转当空”实际上就有了“从历史走来”的意义。

可见，就诗歌的语言而言，现代诗在谋生的过程中，难免有几分生硬，而在翻译成中文时，也有几分生硬在其中，例如上述译文的最后一句。但是这种生硬，并非没有受到两种语言的不同的行进逻辑的影响（其中的译文极易造成散文化的句子排列），而不完全是出于译者韵脚安排的需要。须知叶芝晚年的诗作近于刚劲而洗练，诗歌格律严谨，兼顾了鲜明的意象、讽刺的基调和象征的创造。这首由四个八行诗节构成的诗篇，其韵律整齐地排列为ababcdee，而查良铮对于译诗的韵脚设置，只是大体对应于原诗，并不追求亦步亦趋的完全相同或相似效果。一个基本的格局就是：遇双行押韵，而单行一般不求韵脚，而且重复的韵脚的总数目在减少。这样的布局，较原诗更为简洁易懂。

请比较一下全诗最后一节的译诗和原诗：

一旦脱离自然界，我就不再从　a
任何自然物体取得我的形状，　b
而只要希腊的金匠用金釉　c
和锤打的金子所制作的式样，　b
供给瞌睡的皇帝保持清醒；　a
或者就镶在金树枝上歌唱　b
一切过去、现在和未来的事情，　a
给拜占庭的贵族和夫人听。　a

Once out of nature I shall never take　a
My bodily form from any natural thing,　b
But such a form as Grecian goldsmiths make　a
Of hammered gold and gold enameling　b
To keep a drowsy Emperor awake;　c
Or set upon a golden bough to sing　d
To lords and ladies of Byzantium　e
Of what is past, or passing, or to come.　e

当然，翻译现代派诗歌对于诗人自己创作的影响，是不容忽视的。例如，叶芝这首《驶向拜占庭》中老人是衣服的比喻和自我歌唱的意象，对于晚年的穆旦《听说我老了》一诗创作的影响，就是显而易见的。我们且看为首的两节：

我穿着一件破衣衫出门，

这么丑，我看着都觉得好笑，
因为我原有许多好的衣衫
都已让它在岁月里烂掉。

人们对我说：你老了，你老了，
但谁也没有看见赤裸的我，
只有在我深心的旷野中
才高唱出真正的自我之歌。

第三节　艾略特：《情歌》与《荒原》

T. S. 艾略特（1888—1965）是20世纪英语文学和世界诗坛上的佼佼者。他十分注重传统与个人才能的发挥，在美国意象派诗潮创作实践的基础上，经过丰厚的个人学识和生活经验的积聚，创作出划时代的巨作《荒原》。这部诗作以清新和晦涩兼有的诗风、多得令人难以计算的互文征引、深刻的文化批判意识，结束了浪漫派的余响，开创了现代派诗歌的先河，并且取得了惊人的成就，赢得了极高的声誉，也为诗人赢得了诺贝尔文学奖。同样，在文论方面，艾略特也产生了巨大而持久的影响。

在我们有时间开始《荒原》以前，让我们先翻阅一下查良铮所选译的艾略特诗歌的目录：

1. 阿尔弗瑞德·普鲁弗洛克的情歌
2. 一位女士的肖像
3. 序曲
4. 窗前的清晨

5. 波斯顿晚报
6. 悲哀的少女
7. 河马
8. 枯叟
9. 荒原
10. 空虚的人们
11. 灰星期三节

从这个简单的单子里，我们可以发现：

1. 基本上已包括艾略特最重要的诗歌作品，如《情歌》《荒原》；

2. 但并非包括全部，也有重大的疏漏，如《四个四重奏》《大风夜狂想曲》；

3. 有些标题译得很漂亮，如"枯叟"，试比较赵萝蕤译"小老头"。

让我们从《阿尔弗瑞德·普鲁弗洛克的情歌》引入，权作一个小小的开端。

这首诗的标题下，有一段非常漂亮的引文，无论是译者自译还是渊源有自，都给人一种信任感，况且译者在脚注中注明它来自但丁的《神曲》地狱篇第二十七章第 61—66 行，原诗引用的是意大利文。由此可见译者对于翻译的严谨态度，以及很强的文本和版本意识。

作为副文本，译者在诗歌正文的全文翻译和加注（尾注）以外，还摘译了美国批评家克里恒斯·布鲁克斯和罗伯特·华伦合著的《理解诗歌》（1950 年版）的有关部分，作为该文本的附录放在译文注释之后。这对于当时中国的现代派读者无疑是一种福音，而对于诗人翻译家本人来说，则是一种学习和诗歌翻译上理解的依据。这种可以称为研究性的翻译，和一般的不大负责任的学徒式的翻译，以及某些自以为是的专家式的翻译，相比起来，都有一个明显的优点。不言而喻的是，至少使得这样一首并不太好懂的现代派诗作，有了一个阅读辅导式的认知依据。

现在，让我们来选其中的一节（第 15—22 行），以及相关的说明，感受一下这种“有指导的”阅读效果：

> 黄色的雾在窗玻璃上擦着它的背，
> 黄色的烟在窗玻璃上擦着它的嘴，
> 把它的舌头舔进黄昏的角落，
> 徘徊在阴沟里的污水上，
> 让跌下烟囱的烟灰落上它的背，
> 它溜下台阶，忽地纵身跳跃，
> 看到这是一个温柔的十月的夜，
> 于是便在房子附近蜷伏起来安睡。

就语言文字本身而言，那似乎模糊的诗歌意象，靠了译者卓越的才能和那十分生动而准确的语言，便获得了极为清晰的意思。

这一节诗深层的解读，当然是潜藏于语言层面以下的东西，是这样明显地写在那本署名“多人著”的《英国现代诗选》的题注里：

> 在本诗第 15—20 行，我们进一步接触到这个昏黄世界。这里有一点发展：烟和雾的降落有意加重客厅与外界的隔绝。而且借黄色的雾描出的睡猫的形象，影射普鲁弗洛克世界的懒洋洋和漫无目的的特点。①

① 《穆旦译文集》（第 4 卷），人民文学出版社，2005 年，第 347 页。

关于《情歌》的翻译质量，董洪川在仔细比较了查良铮、裘小龙、汤永宽的三个译本以后，得出结论说：

> 应当承认，上列几种《情歌》汉译本都是比较优秀的，都较好地再现了原作，若从形、义、情、量、质等诸层面来分析，则不同的译本又各有所长。总体上来看，我认为查良铮（穆旦）的译本略胜一筹。①

无独有偶，在谈起艾略特的另一名著《荒原》的翻译质量的时候，“王佐良曾将《荒原》的前后三个中译本加以比较，结果发现：‘良铮所译最好’”②。

众所周知，假若说《情歌》是艾略特第一时期的代表作，那么《荒原》则是艾略特第二时期的代表作和后世不可企及的高峰。那么，在我们略嫌仓促地掠过了《情歌》的诗风以后，相信读者诸君一定还记得《情歌》那开端的名句，于是，我们不妨在现时代的“偶像的黄昏”里，仰仗着现代诗的灰蒙蒙的背景，而言说一声：“现在，让我们走”——走进艾略特的《荒原》里去吧。

实际上，关于《荒原》的翻译情况，我们知之甚少。只知道翻译家查良铮在1975年11月14日给一位青年朋友的信中，有这样一段话：

> 最近我在译艾略特的《荒原》，这是现代英诗的古典作品，要加许多注解才看得懂，将来有机会请你看看。③

---

① 董洪川：《“荒原”之风：T. S. 艾略特在中国》，北京大学出版社，2004年，第128页。

② 刘兆吉：《穆旦其人其诗》，载《丰富和丰富的痛苦》，第190页。

③ 查良铮：《致郭保卫的信》（五），载《蛇的诱惑》，曹元勇编，珠海出版社，1997年，第232页。

事实上，此时的查良铮不仅译完了《荒原》，翻译了布鲁克斯和华伦的《理解诗歌》的有关内容，在“T. S. 艾略特的《荒原》”的标题下将长达20页的文章作为附录放在正文之后，而且还加了10多页的注解。关于这些注解，译者自己说：“这里的注解，是混合了作者自己的经过选择的注解、布鲁克斯和华伦的注解和译者加添的注解而成的。”①

虽然这样的注解形式，有混合原著注解和译者注解的不纯，甚至有把辅导性资料纳入其中的不轨，但在当时的情况下，对于中国读者的帮助是巨大的，更不用说它本身也方便了译者的理解和表达的过程了。

《荒原》是一部巨著，但并非完全以篇幅大小而论。仅仅以主题的正大和文明批判的深刻性而论，《荒原》就是不朽的。想到《荒原》，不能不想到那位大肆“砍伐”荒原使其成为名作的巨匠庞德，可惜查良铮翻译的是英国现代派诗歌，而不能将美国诗人也包括进来。

那经过了巨匠庞德删削之后的《荒原》，包括五个部分：

1. 死者的葬仪，

2. 一局棋戏，

3. 火的说教，

4. 水里的死亡，

5. 雷说的话。

因为全诗太长，这里只能选取一些重要的片断，说明查译和其他几个重要译本的基本区别。

先看一下标题的翻译。仅以第二个小标题 A Game of Chess 为例：

---

① 见《穆旦译文集》(第4卷)，人民文学出版社，2005年，第408页。

在现有的几个重要译本中，赵萝蕤选择了现成的词语，译为“对弈”，裘小龙译为“弈棋”以求变化，而查良铮则译为“一局棋戏”。

实际上，裘译和赵译都是选取一现成的词语而没有考虑深层的问题，而查译的策略是避免运用现成的说法，根据资料巧妙构思，以求得深层的暗示效果：“棋戏”包含了下棋和游戏。其根据显然来源于以下的注解内容：

> 该标题的出典有二：来源于托玛斯·密特尔顿（1570—1627）的剧本《对弈》（A Game of Chess）和《女人提防女人》（Women Beware Women）。前者提供标题的字面意思，后者提供故事情节。但两出剧都含有诱奸情节。特别是第二出剧中，对弈本身象征诱奸行为，而对弈的每一步都和诱奸并行推进。

以下转入《荒原》正文的翻译讨论。

毋庸讳言，在一开始的时候，和原文舒展从容的语气相比，也许是受着浪漫派诗歌的影响，或许是有着某种简洁诗风的追求，或许在一开始翻译时心绪的渐入，查译句子偏短，行文略嫌迫促。不过，译文清晰而可读，基本上保持了原文的短语所在的位置，但有时也受到汉语句子重构时主谓关系的影响而有所移动。

> 四月最残忍，从死了的
> 土地滋生丁香，混杂着
> 回忆和欲望，让春雨
> 挑动着呆钝的根。
> 冬天保我们温暖，把大地

埋在忘怀的雪里，使干了的
球茎得一点点生命。
夏天来得意外，随着一阵骤雨
到了斯坦伯吉西；我们躲在廊下，
等太阳出来，便到郝夫加登
去喝咖啡，又闲谈了一点钟。

闲谈不仅是知识分子的事情，而且是普通百姓的事情。在原文民歌风味的翻译中，查译可以说是得心应手。下面一段华格纳歌剧中水手唱的情歌，给翻译得十分贴切而上口：

风儿吹得清爽，
吹向我的家乡，
我的爱尔兰孩子，
如今你在何方？

说到拟声词的翻译，查译可以说特别具有创造性。下面一个小节，是借助夜莺的叫声，引起一女子被奸污的联想，"唧格，唧格"在十七世纪伊丽莎白时代的文学中常用这种声音表示夜莺叫，同时也成为含有猥亵意义的俚语。请看查译的妙处：

Twiti twit twit
Jug jug jug jug jug jug
So rudely forc'd.
Tereu

嘁喳嘁喳

唧格，唧格，唧格，
逼得这么粗暴。
特鲁

上面几行拟声词的翻译，可以说有三个特点：

1.实现了拟声系统由英语向汉语的彻底转换(第一行和第二行)。

2.巧用逗号，在节奏上实现了汉语以少胜多(第二行的六个拟声词在译文中减少到了三个)。

3.声韵并茂的佳例，第四行的“特鲁”，继承了第三行的“粗暴”，兼有音义。参见译注：“特鲁”模拟夜莺的叫声，暗示奸污菲罗美的特鲁阿斯王。

请比较赵萝蕤的翻译和裘小龙的翻译：

吱吱吱
唧唧唧唧唧唧
受到这样的强暴。
铁卢
（赵译）

吱吱吱
唧唧唧唧唧
这样粗暴地被迫。
铁罗。
（裘译）

因为本书是以翻译为主的诗人传记，我们既不能面面俱到地讲解《荒原》，也不能全面总结查良铮的翻译技能。我们充其量只能选取一些片断，做一些随即的比较和说明，使读者留下比较清晰的印象而已。

《荒原》第一部分的最后一节，是十分重要的一节内容。查译附录中有这样一段精彩的说明，是帮助读者理解的钥匙。现摘录其要点如下：

> 当主人公看到伦敦桥上成群的人在冬日早晨的雾里走去上班时，他想到但丁在地狱的幻景中所看见的那成群的死者。这些人在无目的的活动中是死了，并非活着。对繁殖之神进行埋葬的仪式，是由于相信他的精力将会复苏，犹如大自然的精力一样。而在这里，死者的葬仪没有带来复苏的希望。①

关于这一节有不同时期的多种译本，而其中够得上代表性的《荒原》全译本便有七个。为了明晰完整起见，现将七个全译本依次列举如下：

1. 赵萝蕤：《外国现代派作品选》（修订版），上海文艺出版社，1979年（首次发表于上海新诗社，1937年）

2. 叶维廉：《诺贝尔文学奖全集》，台湾远景出版事业公司，1983年

3. 裘小龙：《四个四重奏》，漓江出版社，1985年

4. 赵毅衡：《美国现代诗选》，外国文学出版社，1985年

5. 查良铮：《英国现代诗选》，湖南人民出版社，1985年

6. 汤永宽：《情歌·荒原·四重奏》，上海译文出版社，1994年

① 《穆旦译文集》（第4卷），人民文学出版社，2005年，第398页。

7. 李俊清:《艾略特与〈荒原〉》,人民文学出版社,2007 年

这里选了其中最有代表性的三种译本进行简评。赵萝蕤是著名外国文学家、艾略特专家、翻译家。她曾和艾略特本人有过交往,对于《荒原》和艾略特有专业研究和首次翻译介绍之功。裘小龙,是文学学者、艾略特研究和翻译专家,系统翻译和研究了艾略特的主要诗作,有专深的理解和详尽的注释。而查良铮呢,是现代派诗人、翻译家。

Unreal City,
Under the brown fog of a winter dawn,
A crowd flowed over London Bridge, so many,
I had not thought death had undone so many.
Sighs, short and infrequent, were exhaled,
And each man fixed his eyes before his feet.
Flowed up the hill and down King William Street,
To where Saint Mary Woolnoth kept the hours
With a dead sound on the final stroke of nine.
There I saw one I knew, and stopped him, crying: "Stetson!
"You who were with me in the ships at Mylae!
"That corpse you planted last year in your garden,
"Has it begun to sprout? Will it bloom this year?
"Or has the sudden frost disturbed its bed?
"Oh, keep the Dog far hence, that's friend to men,
"Or with his nails he'll dig it up again!
"You! Hypocrite lecteur!—mon semblable,—mon frère!"

译本一(赵萝蕤译):

并无实体的城,
在冬日破晓时的黄雾下,
一群人鱼贯地流过伦敦桥,人数是那么多,
我没想到死亡毁坏了这许多人。
叹息,短促而稀少,吐了出来,
人人的眼睛都盯住在自己的脚前。
流上山,流下威廉王大街,
直到圣马里吴尔诺斯教堂,那里报时的钟声
敲着最后的第九下,阴沉的一声。
在那里我看见一个熟人,拦住他叫道:"斯代真!"
你从前在迈里的船上是和我在一起的!
去年你种在你花园里的尸首,
它发芽了吗?今年会开花吗?
还是忽来严霜捣坏了它的花床?
叫这狗熊星走远吧,它是人们的朋友,
不然它会用它的爪子再把它挖掘出来!
你!虚伪的读者!——我的同类——我的兄弟!

译本二(裘小龙译):

飘渺的城,
在冬天早晨的棕色雾下
一群人流过伦敦桥,这么多人,
我没想到死亡毁了这么多人。
叹息,又短又稀,吐出了口,

每一个人的目光都盯在自己足前。
流上山岭,流下威廉王大街,
流到圣马利吴尔诺斯教堂,它死气沉沉的声音
在九点的最后一下,指着时间。
那里我见到一个我曾相识的,我叫住他:“史丹逊!
你,曾和我同在迈里那儿船上!
去年你种在你花园里的尸体
抽芽了吗? 今年它会开花吗?
还是突来的霜冻扰乱了它的苗床?
呵,将这狗赶远些,它是人的朋友,
不然它会用它的爪子重新掘出它!
你,伪善的读者,我的同类,我的弟兄!”

译本三(查良铮译):

不真实的城,
在冬天早晨棕黄的雾下,
一群人流过伦敦桥,呵,这么多!
我没有想到死亡毁灭了这么多。
叹息,隔一会短短地嘘出来,
每人的目光都盯着自己的脚。
流上小山,流下威廉王大街,
直到圣玛丽·伍尔诺教堂,在那里
大钟正沉沉敲着九点的最后一响。
那儿我遇到一个熟人,喊住他道:
“史太森! 你记得我们在麦来船上!
去年你种在你的花园里的尸首,

它发芽了吗？今年能开花吗？
还是突然霜冻扰乱了它的花床？
哦，千万把狗撵开，那是人类之友，
不然它会用爪子又把它掘出来！
你呀，伪善的读者——我的同类，我的兄弟！”

作为现代诗，如何认识和翻译《荒原》，需要一些基本的设定，在此基础上，再来看各家关于这一节的翻译，是否恰当，是否得要领。

1. 现代诗有自己的格局，在自由中有严格的讲究，不能在翻译中随意变动。其特征要译者去发现和区别，然后尽可能地加以保持。例如，第三、四两行结束时的两个 so many（这么多人），就需要保持，否则就破坏了诗人的着意安排，损伤了诗意。

2. 诗中引文，包括明引和暗引很多，要有体现，而不能自己随意翻译，若不加体现，就要作为随意处置来对待。例如，最后一行引文引自法国现代派诗人波德莱尔《恶之花》的序诗，严格意义上应按照中文译本的文字直接转录才行，这是保持互文性的最理想的状态，若译者随意处置，便属于不得已，或不可取。当然，有根据和有目的的重译也行。

3. 诗歌所凭借的基本事实，要在抒情和叙事中予以清晰的体现，便于区别和辨认，不能含混其词，或不加区分，例如地名（街道名和教堂名），“麦来”是地名，而有些译文含混不可辨认。这里涉及战争事件——罗马人和迦太基人第一次布匿战争中的一场海战，用以影射第一次世界大战，回忆二人曾在同一条船上作战而不是一般的划船游玩。

4. 关键的词语，要措辞准确，含义深刻，不能只图新颖而随意变化。例如，开头一句，Unreal City 引自波德莱尔的诗：“这拥挤的城，充满了迷梦的城，/鬼魂在大白天也抓过路的人。”此处用来影射伦敦城，并呼应荒原意象。可见，并非是无实体和不真实。赵萝蕤译为“并无实体的城”，有误，似乎此城并不存在。裘小龙译为“飘渺的城”，模糊，意象和语义含混，但在译诗时允许。查良铮译为“不真实的城”，可能有误，但可有另一重理解，即存在，但不真实，近乎虚幻。

5.含混译法，只适合个别地方，如称呼“斯特恩”，可指“普通商人”，“宽边呢帽”，或以帽代人，其实，相当于“戴礼帽的先生”，或简称为“礼帽先生”。除了一律音译之外，赵译“斯代真”有联想和深度暗示，但寓意属于自己所加，不一定可取。

6.加注可以有原注和译注两类，原注重在理解本文，译注重在理解译文，不可过于随意和烦琐。但关键处一定要夹注清晰地说明之。从目前三个译文版本的情况来看，查译已经有了注脚，但裘小龙、赵萝蕤二人的注释更为详尽。

7.译注的多少和质量，会直接影响到翻译正文的阅读效果，一般说来二者相互补充，注释有助于译文的理解。例如，埋葬尸体在后花园的欧洲习俗，以尸体为复活繁衍之神的形象；狗实际上也是埃及神（狗熊星），是“但将豺狼赶得远些，它是人类的仇敌”等句子的套用和改写，都是要通过注释才能最后说明的。但在译文中，至少要保持与注释理解的一致和表达的一致。

通过以上的简要分析，可得出如下的基本认识：

《荒原》必须是研究性翻译，专家加诗人是最为理想的译家，而纯粹的翻译技巧在不能照顾现代诗特点的时候，用处不大，也难以决断。从最早的翻译到晚近的翻译，其发展的趋势是：注释日益详尽，理解日益准确，翻译日益严谨。但与此同时，也有翻译绕开原有字面，标新立异，以及语言随意化、不确切等译风存在，并不都是按照进化的线索直线前进的。相比之下，个人的才能，专业的训练，以及译风的严谨，在译文的质量方面，仍然在起着关键性的作用。当然，对于前人的借鉴也是不可避免的。由于原诗具有多方面的可理解性，故而各种译文时有差异，但又由于现代诗作某些句子的直白，译文中特别相似的地方也不少见。这些就是翻译《荒原》的习见现象。

《荒原》的翻译是一件差不多不可能的事，因为假如只是翻译了这首诗的表面的意思，还是有许多无法理解的东西。要是企图翻译出一切隐晦的思想，那也是不可能的，所以，加注解和说明是不可避免的。但是，即使所有典故和各种语言的引文都有了出处和说明，即使一切意思都有了准确无误的理解，还是有可能错过一首诗。因为诗并不是可以直接说明的东西，也不是这种种说明的总和，恰恰相反，诗，作为诗本身必须受到尊重，也就是说，必须把《荒原》作为一首诗来阅读，其次才是企图说明和所谓的解释，或者说，只有这样，这些说明和解释才有意义。

最后，让我们简要地看一下《荒原》的结束部分。

《荒原》的结束是一个悲剧式的结束，因为，就诗的内容而言，正如附录所说明的：

> 本诗不是以令人复苏的降雨而告终。它的主旨在于使现代荒原的经验得以印证，因此把荒原保持到底。叙述人获知了古代智慧，这件事本身并不能消除普遍的灾祸。不过，即使世俗化已经或可能摧毁现代文明，叙述人还有他自己的个人义务要履行。即使伦敦桥崩坍了，“是否我至少把我的园地整理好？”①

① 《穆旦译文集》(第4卷)，人民文学出版社，2005年，第403页。

明乎此，就明白了其中翻译的问题会更加困难。这里我们无意对其意义进行详尽的说明，也无意对各种译文进行严格的质量评判。我们只是就这一段文字的翻译提出一些基本的设定，以便引起读者必要的思考：

1. 本节基本的叙述性的文字是否清晰可读？

2. 其中隐藏的典故在注释中是否解释详尽？

3. 最后引用佛典的说法，用哪一种译法最好？

现在，可以看三种不同译文的结尾了。

　　　　　　　　　我坐在岸上
垂钓，背后是那片干旱的平原，
我应否至少把我的田地收拾好？
伦敦桥塌下来了塌下来了塌下来了
然后，他就隐入炼他们的火里，
我什么时候才能像燕子——啊，燕子，燕子，
阿基坦的王子在塔楼里受到废黜
这些片断我用来支撑我的断垣残壁
那么我就照办吧。希罗尼母又发疯了。
舍己为人。同情。克制。
　　平安。平安
　　　平安。

（赵译）

　　　　　　　　　我坐在岸上
钓鱼，背后是一片荒芜的平原
我是否至少将我的田地收拾好？

伦敦桥塌下来了，塌下，塌下
就把他隐身在炼他们的火里，
什么时候我才能像燕子——哦燕子，燕子
阿基坦的王子在塔上受到废黜
这些片断我用来支持我的残垣断壁
得啦，我就照办吧。希罗尼姆又发疯了。
Datta. Dayadhvam. Damyata.
　　Shantih Shantih Shantih

（裘译）

我坐在岸上
垂钓，背后是一片枯干的荒野，
是否我至少把我的园地整理好？
伦敦桥崩塌了崩塌了崩塌了
于是他把自己隐入炼狱的火中
何时我能像燕子——呵燕子，燕子
阿基坦王子在塌毁的楼阁中
为了支撑我的荒墟，我捡起这些碎片
当然我要供给你。海若尼莫又疯了。
哒嗒。哒亚德万。哒密阿塔。
善蒂，善蒂，善蒂。

（查译）

第四节　奥登的诗：让历史作我的裁判

W. H. 奥登（1907—1973）是继庞德和艾略特之后，英国新一代现代派诗人，而且是其中的佼佼者。他和燕卜荪都来过抗日战争时期的中国，而且写有中国抗日战争的诗歌《在战争时期》（一译《战地行》）。因此，在查良铮那一代青年诗人中，奥登和燕卜荪具有突出的地位和声望，对他们的新诗创作产生了直接的影响，但在二人之中似乎奥登的影响更大些。在查良铮的翻译中，奥登的诗目录是一个不短的单子：

1. 在战争时期（十四行诗组，附《诗解释》）
2. 探索（十四行诗组，选十首）
3. 美术馆
4. 正午的车站
5. 悼念叶芝
6. 旅人
7. 太亲热，太含糊了
8. 步父辈的后尘
9. 请求
10. 我们的偏见
11. 大船
12. 不知名的公民
13. 这儿如此沉闷
14. 要当心
15. 我们都犯错误
16. 让历史作我的裁判
17. 西班牙
18. 歌（第 27 曲）
19. 歌（第 28 曲）

在这个单子中，最吸引人的目光的是《悼念叶芝》。死于1939年的叶芝，为奥登所怀念，正说明了这位现代派诗人对前辈诗人的敬慕之情。而今天重读这首诗，甚至可以使我们通过奥登笔下的叶芝，对诗人和诗的使命加深理解，甚至对诗人穆旦的去世，也能寄托一点怀念。

他在严寒的冬天消失了：
……
他死的那天是寒冷而又阴暗。

一开始，诗在这样一个一个的句子里，我们仿佛回到了叶芝和穆旦逝世的那个季节，虽然是并不完全相同的季节里。

远远离开他的疾病
狼群奔跑过常青的树林，
农家的河没受到时髦码头的诱导；
哀悼的文辞
把诗人的死同他的诗隔开。

第二部分有这样的诗句，把诗人和民族连接起来：

你像我们一样蠢；可是你的才赋
却超越这一切：贵妇的教堂，肉体的
衰颓，你自己；爱尔兰刺伤你发为诗歌，
但爱尔兰的疯狂和气候依旧，
因为诗无济于事：它永生于
它的辞句的谷中，而官吏绝不到

那里去干预;"孤立"和热闹的"悲伤"
本是我们信赖并死守的粗野的城,
它就从这片牧场流向南方;他存在着,
是现象的一种方式,是一个出口。

第三部分具有更深刻地回到现实的意味:

黑暗的噩梦把一切笼罩,
欧洲所有的恶犬在吠叫,
尚存的国家在等待,
各为自己的恨所隔开;

智能所受的耻辱
从每个人的脸上透露,
而怜悯底海洋已歇,
在每只眼里锁住和冻结。

这最后一部分,终于还是回到了让我们想得到的战争,尽管这可能是一场更加深刻的挑战文明的战争,一种冷冰冰的不见热情的令人恐怖的战争。

其实写战争的诗篇是奥登所擅长的。结合了诗人在旧中国的亲身经历和就近观察与深入思考,奥登写了他的《在战争时期》,其实是包含了27首十四行诗的组诗。还有一首三行诗节的较长的诗,附在后面,起名为《诗解释》,是对于他在中国所看到的抗日战争状态发愤为诗歌的进一步的解说。其中有这样的内容,至今读来让人振奋:

在黄河改道的地方,他们学会了怎样

生活得美好，尽管常常受到毁灭的威胁。
多少世纪他们恐惧地望着北方的隘口，

但如今必须转身并聚拢得像一只拳头，
迎击那来自海上的残暴，敌人的纸房子
表明他们源起于一些珊瑚岛屿；

他们甚至对自己也不给予人的自由，
而是处于孤僻的暴君对大地的幻梦中
在他们猩红的旗帜下被静静地麻痹着。

关于中国和战争、中国的政治和民风，历史上可曾有过这样精到的描述吗？如果说这是诗人从外部进行的对于中国历史和现状的观察，那么，《在战争时期》的第十八首，我们会读到一首从西方人的角度写的更具有战争风味的诗。这首广为流传的诗，在单独发表时已经有了一个偏离开中国常规诗的题目，叫作《他被使用在远离文化中心的地方》。

Far from the Heart of Culture He Was Used

Far from the heart of culture he was used: a
Abandoned by his general and his lice, b
Under a padded quilt he closed his eyes b
And vanished. He will not be introduced a

When this campaign is tidied into books: c
No vital knowledge perished in his skull; d

His jokes were stale; like wartime he was dull; d
His name is lost for ever like his looks. c

He neither knew nor chose the Good, but taught us, e
And added meaning like a comma, when f
He turned to dust in China that our daughters e

Be fit to love the earth, and not again f
Disgraced before the dogs; that, where are waters, e
Mountains and houses, may be also men. f

查良铮的译诗如下：

他被使用在远离文化中心的地方

他被使用在远离文化中心的地方， a
又被他的将军和他的虱子所遗弃， b
于是在一件棉袄里他闭上眼睛 c
而离开人世。人家不会把他提起。 b

当这场战役将被整理成书的时候， d
没有重要的知识在他的头壳里丧失。 e
他的玩笑是陈腐的，他沉闷如战时， e
他的名字和模样都将永远消逝。 e

他不知善，不择善，却教育了我们， f
并且像逗号一样加添上意义； g

他在中国变为尘土，以便在他日　　g

我们的女儿得以热爱这人间，　　h
不再为狗所凌辱；也为了使有山、　　h
有水、有房屋的地方，也能有人烟。　　h

奥登的这首诗是描写战争的诗。他通过一个战士的死写了战争的无意义和历史的不公正，以及知识的无所用和善恶的不明晰，因而不是一般的悼亡诗，虽然看起来有点儿像是悼亡诗。他没有夸大一个战士牺牲的意义（人并非因死亡而高尚），也没有拔高战争（甚至正义战争）对于文化的贡献，诗人甚至把它放在远离文化中心和心脏以外的地区，具有很深刻的思想和文明史观的启示。这种写法，深刻地影响了中国 20 世纪 30 年代现代派诗人如穆旦的诗作《奉献》《森林之魅》，造成对于中国古典悼亡诗的肤浅的主题的超越，以及对于浪漫派诗作粉饰现实和夸大式歌颂的反叛。

查良铮在翻译这首诗的过程中，对前来探望他的北京青年这样说：

> 奥登写的中国抗战时期的某些诗（如一个士兵的死），也是有时间性的，但由于除了表面一层意思外，还有深一层的内容，这深一层的内容至今还能感动我们，所以逃过了题材的时间的局限性。①

① 郭保卫：《书信今犹在　诗人何处寻》，载《一个民族已经起来——怀念诗人翻译家穆旦》，江苏人民出版社，1987 年，第 178 页。

翻译这种诗作要深刻体味原诗的深刻意味以及为此所设置的语言表现,不能轻易地改变为汉语习惯的顺畅的明白的说法,也不能太多地吸收汉语传统的诗歌词语。其实,相对于主题的新颖和深刻的人文批判精神,诗的格律只是形式上的,而且往往是不大有意义的部分,也不是诗人刻意追求的艺术效果。相比之下,词句的着意安排倒是值得注意(小到甚至一个逗号),因为它往往具有命题的作用,陈述背后的意蕴隐含才是最重要的,丢失了就丧失了诗味。明乎此,则不同译文的瑕瑜互见,也自见。因为原诗总有一些地方已经体味而不得不舍去的,或为了形式的规整,或出于别的什么考虑。而改变得最多、最方便的地方,也许正是容易歪曲和浅化的地方。

一般说来,穆旦的译诗,就韵律而言,会追求一些变化,并不完全等同于原诗的韵脚设计。即便是采用了十四行诗这种非常严谨的现代派诗歌的翻译,也不是完全按照原诗的韵脚,而是有些归化的成分。倘若按照原诗的韵脚来翻译,即照顾到英诗抱韵的形式,就会产生另外一种效果。

以下是朱墨的译文,可资对照:

他被人利用,远离文明的心脏

他被人利用,远离文明的心脏:	a
见弃于他的将军和一身虱子,	b
一条棉被下,他双眼一闭	b
离开了这人世。从此被人遗忘	a
当这场战争被收拾入史传:	c
他的头脑并无放不下的要命的知识;	d

他玩笑也陈腐；人平淡如同这战事； d
他的名字永远淡忘了，一如他的容颜。 c

他不懂善，不择善举，可他教导我们， e
像一个逗号增添了意义，当他 f
在中国化入尘埃，我们的女儿们 e

会更加热爱这大地，不再受恶犬 g
的当面欺凌；只要哪里有水， h
有山，有房舍，就有人烟。 g

关于文明的诗篇，也就是更加靠近和平的主题的诗作，是奥登的另一重天地。可惜在那个言论不太自由的时代，即便是有些翻译过来的诗歌也有被封杀的可能。下面引出的一首奥登的诗，就是在这个集子里无法刊登，因而寄托在当时写给莫逆之交的信中的。这封信写于 1976 年 7 月 27 日，附言说“附近译奥登诗一首”。① 至少说明了在 1975 年底这个《英国现代诗选》译就之后，查良铮还有一些零星的现代派译诗活动在秘密地进行。

暗藏的法律

暗藏的法律并不否认
我们的或然性规律，
而是把原子、星辰和人
都照其实际情况来对待，

① 见《穆旦诗文集》(第 2 卷)，人民文学出版社，2006 年，第 204 页。

当我们说谎时它就不理。

这是唯一的理由：何以
没有一个政府能把它编集，
语言的定义必然会伤害
　　　　　暗藏的法律。

它极端的耐心不会阻止，
如果我们要去找死；
当我们坐上汽车想逃避它，
当我们在酒馆里想忘记它：
这就是暗藏的法律要惩罚
　　　　　我们的方法。

不过，在 1975 年底以前的通信中，查良铮已经透露出一些翻译和传播奥登译诗的消息。

1975 年 8 月 22 日，查良铮给一位青年朋友的信中说：

> 实京抄的那些诗，原作者是奥登(W. H. Auden)，我只希望你看看，不要传播。不一定要学他，但看看有这种写法，他的艺术可以参考。写诗，重要的当然是内容，而内容又来自对生活的体会深刻(不一般化)。但深刻的生活体会，不能总用风花雪月这类形象表现出来。他的那些内容就无法如此表达。①

① 查良铮：《致郭保卫的信》(一)，载《蛇的诱惑》，曹元勇编，珠海出版社，1997 年，第 221 页。

1975年9月9日，查良铮在给这一朋友的信中，抄寄了奥登的《太亲热，太含糊了》这首诗。他讲了现在写纯粹的爱情诗不合时宜，也提起自己年轻时创作爱情诗《诗八首》的情况。这首诗的注解，则是翻译家自己对于爱情的一种辩证的理解：

> 爱情的关系，生于两个性格的交锋，死于"太亲热，太含糊"的俯顺。这是一种辩证关系，太近则疏远了。该在两个性格的相同和不同之间找到不断的平衡，这才能维持有活力的爱情。①

这一段话，不仅注解了穆旦的《诗八首》，而且说明了他的爱情观和奥登相通的一面。对于我们理解何以那个时代爱情诗不合时宜，可能也会有一点儿帮助。我们知道，标志爱情"解冻"的刘心武的小说《爱情的位置》，在查良铮写这封信的时候，尚未发表，很可能还没有写出来。

让我们还是回到这个《英国现代诗选》的集子上来。

在艺术的领域里，这里选了奥登的《美术馆》一诗，着重看一下查良铮的翻译情况。

Musee des Beaux Arts

About suffering they were never wrong,
The Old Masters: how well they understood

① 查良铮：《致郭保卫的信》(三)，载《蛇的诱惑》，曹元勇编，珠海出版社，1997年，第226—227页。

Its human position; how it takes place
While someone else is eating or opening a window or just walking dully along;
How, when the aged are reverently, passionately waiting
For the miraculous birth, there always must be
Children who did not specially want it to happen, skating
On a pond at the edge of the wood:
They never forgot
That even the dreadful martyrdom must run its course
Anyhow in a corner, some untidy spot
Where the dogs go on with their doggy life and the torturer's horse
Scratches its innocent behind on a tree.

In Breughel's Icarus, for instance: how everything turns away
Quite leisurely from the disaster; the ploughman may
Have heard the splash, the forsaken cry,
But for him it was not an important failure; the sun shone
As it had to on the white legs disappearing into the green
Water; and the expensive delicate ship that must have seen
Something amazing, a boy falling out of the sky,
Had somewhere to get to and sailed calmly on.

美术馆

关于痛苦他们总是很清楚的，

这些古典画家：他们深知它在
人心中的地位；深知痛苦会产生，
当别人在吃，在开窗，或正作着
　　无聊的散步的时候；
深知当老年人热烈地、虔敬地等候
神异的降生时，总会有些孩子
并不特别想要它出现，而却在
树林边沿的池塘上溜着冰。
他们从不忘记：
即使悲惨的殉道也终归会完结
在一个角落，乱糟糟的地方，
在那里狗继续着狗的生涯，
　　而迫害者的马
把无知的臀部在树上摩擦。

在勃鲁盖尔的“伊卡鲁斯”里，比如说；
一切是多么安闲地从那桩灾难转过脸：
农夫或许听到了堕水的声音
　　和那绝望的呼喊，
但对于他，那不是了不得的失败；
太阳依旧照着白腿落进绿波里；
那华贵而精巧的船必曾看见
一件怪事，从天上掉下一个男童，
但它有某地要去，仍静静地航行。

粗略地对照一下原诗和译诗，就不难发现一些重要的细节处理和基本的翻译策略。试列举如下：

1.虽然并不一定在原来的行末，但是译者注意到适当的韵脚布置，达到了和原诗类似的效果。

2.因为原诗有几行特别长，译诗特别在这些地方让它折行（第三行、第十一行），使得译诗有基本整齐的排列形式，甚至加了韵脚。

3.对原诗有十分深刻的理解和仔细的把握，试图译出原诗最微妙的地方，例如，语气（而、却、总会）和时态（总是、在、从不、必曾）。

4.善于通过重复关键词语保持和强调原诗的整体结构，例如“关于痛苦他们”“他们深知”“深知”“他们从不忘记”等。

5.善于用一些着意的词句和结构引起现代诗歌的陌生化和新奇感，例如，“并不特别想要它出现”“正作着无聊的散步”“把无知的臀部在树上摩擦”。

6.援用英文的词句和结构造成散文化和异国情调表达法，例如，“当……的时候”“终归会完结在一个角落”“太阳依旧照着白腿落进绿波里”“但它有某地要去”。

7.口语化入诗，如“乱糟糟的地方”“溜着冰”“比如说”“那不是了不得的失败”，体现现代诗的语言特点。

8.运用故意拖长的步子和从容而冷静的观察语气，表现诗人的冷漠和讽刺态度，如：“深知当老年人热烈地、虔诚地等候/神异的降生时，总会有些孩子/并不特别想要它出现，而却在/树林边沿的池塘上溜着冰。”

9.个别地方用代词不用名词，例如第二行“这些古典画家：他们深知它在人心中的地位”。其中的“它”指“痛苦”，但到下一行才出现“痛苦”，让读者费力猜一下，始觉比“痛苦”更“痛苦”。

10.适当调整了原诗的标点和行末的重点及落点，产生了有力的落点和有利的转折。

关于这首诗及翻译，我们还可以多说一些。

《美术馆》是奥登的一首名作，写于1940年第二次世界大战期间。他借助绘画，转换主题，以不动声色的态度，深刻地批判现代人的冷漠，使人感受到有些人即便面对世界末日也无动于衷的场景。诗人在美术馆里看到尼德兰画家勃鲁盖尔（1525—1569）的油画《伊卡鲁斯》，写下了这首诗。伊卡鲁斯是希腊神话中的人物，他和父亲插上自制的翅膀飞离克里特岛，在飞近太阳时，他用蜡粘住的翅膀熔化了，于是坠入大海死去。虽然诗中所描写的景色大多是勃鲁盖尔画中所有的，画中本来就有古代神话英雄的毁灭和目击者农民的安闲与冷漠，但是奥登在诗中却以另一个旁观者的眼睛和思考，以冷静而沉痛的心情目睹了一场巨大事件若无其事地在身旁发生。这首诗有感人的力量和发人深思的深度。

这首诗在形式上也基本上是现代的。全诗共21行，分为两个诗节，第一个诗节包括13行，第二个诗节只有8行。此诗并没有遵循严格的格律，基本节奏单位是抑扬格，但各种音步混杂在一起，例如，有第一行的五步抑扬格，也有第四行的九步抑扬格，还有扬抑格、抑抑扬格的变异。通过错落有致的结构、自然流畅的词句，表现出一种现代感。另外，还使用了不规则的押韵，比如第一行与第四行、第五行与第七行、第十行与第十二行都有较整齐的韵脚。尽管如此，散文化、戏剧化、口语化，仍然是这首诗的基本特点。

现代诗的翻译是一个严肃的问题，也是一个严重的问题。在许多人看来，现代诗不讲韵律，又很直白，很随意，缺乏诗意，喜用口语，当然比古体诗好翻译了。其实不然。奥登这一首《美术馆》，虽然不像艾略特的《荒原》那样引经据典，处处陷阱，难以卒读，更难翻译，但是也不是随便怎么译都行的。

首先一个问题，就是这首诗的总体结构，起关键作用的连接词可以列出如下：

About suffering they were never wrong
How well they understood
How it takes place
While someone else…
How, when the aged…
They never forgot
That…

In Brueghel's Icarus, for instance:
How everything turns away…

在翻译中，严格说来，设法保持这个整体结构就是保持了原诗的整体意义和可理解性。也就是说，第一节是铺垫和背景，是预示和征兆，第二节才是画面故事和评论，是事件和思想。整个一首诗的结构方式是演绎性的，即从抽象到具体。但两节诗之间有一个相似点：就是等待着神奇的降临，悲惨的事情会发生，以及果然一个男孩落入水中。可是，对于有些人来说，却等于什么也没有发生。无动于衷，是核心，因而令人痛心。

查译现代诗自然有自己的基础。查良铮在西南联大读书时，直接受到现代派诗歌的影响，他自己又是"九叶诗派"的骨干，诗写得极好，所以深谙现代诗的特点，比如戏剧化、陌生化、口语化、哲理化、生辣感、艰涩感。因此，严格按照现代诗的作诗法进行翻译，做到了得心应手，译品自然高格。当然，查译也有一些地方改变了原诗的特点，比如改长句为折行句，也改换一些折行的地方，让诗行转折自然且有意义。他这样做的目的，显然是为了照顾读者，以便于他们接受。这是查译诗的变通部分，与不注意现代诗特点而随意处置，具有本质的不同。明白了这一点，就找到了鉴赏现代诗的钥匙和分析评价现代诗翻译的尺度。当然,查译现代诗也并非尽善尽美,因为现代诗的翻译本身,仍然在探索中。

翻译现代诗,不仅使诗人穆旦离开浪漫派的惯性,回到了现代派的阵营,而且对于翻译家查良铮来说,也是一种才能和人格的考验。对于天才的诗人,或者翻译家,都是如此。

下面,就让我们简要地总结一下查良铮晚年所做的两件事:其一,现代派诗歌的翻译;其二,修改旧译作。

英语现代派诗歌翻译阶段,即诗人翻译家的第四阶段(1973—1975 年),包括奥登、艾略特、叶芝等人的诗作。英语现代派诗歌的翻译活动大体开始于翻译活动第三期的《唐璜》的翻译定稿(1962 年)完成以后,即开始于 1973 年,所以英语现代派诗歌的翻译开始得要晚一些,但结束反而早一点,完成于 1975 年底。

所谓旧译修改,实际上就是翻译的第五阶段(1975—1977 年),包括俄语和英语诗歌的原译修订和扩充,开始于英语现代诗翻译的结束,一直继续到诗人翻译家生命终了的 1977 年,可惜并没有完成(单就《欧根·奥涅金》的韵律统一问题而言)。

从发表的情况来看,查译最后阶段的翻译成果,几乎全部是在身后作为遗稿才发表问世的。因为在当时,无论是译者还是其他人,根本不知道是否有发表的可能。假如以 1958 年以后中止发表为界线,我们可以把查良铮的一生的翻译事业划分为两个阶段:一个是发表阶段,一个是待发表阶段。而这后一个阶段,即 1958 年以后发表的译作,实际上的发表时间开始于 1980 年,即诗人翻译家逝世四年以后,他的后期译作才开始陆续发表出来(其中还不包括早先翻译的俄罗斯诗歌和晚年修改的俄语诗歌)。以下按照时间顺序开列出一个详尽的身后英俄译作发表的单子:

1980 年 7 月:《唐璜》(拜伦),人民文学出版社

1982年1月:《普希金抒情诗选》(上、下),江苏人民出版社

1982年2月:《拜伦诗选》,上海译文出版社

1983年8月:《欧根·奥涅金》(改定本),四川人民出版社

1985年4月:《普希金叙事诗选》,四川人民出版社

1985年5月:《丘特切夫诗选》,外国文学出版社

1985年5月:《英国现代诗选》,湖南人民出版社

1987年2月:《爱的哲学》(雪莱),人民文学出版社

本来,一位作家或翻译家的身后有作品陆续发表,不一定是一件不幸的事。但对于查良铮来说,他后半生的翻译成果根本无从知晓有无可能发表,这难道不是一件可悲的事情吗?那么,面对这种半生的辛劳会付之东流的命运,一个翻译家又该如何对待呢?

下面一个生活细节,出自诗人晚年的一位年轻朋友的回忆①,它对于我们了解诗人翻译家的自我认识和自我评价,具有不可替代的重要作用。

> 先生坚持这样一种看法:越是有才能的人,就越要学会驾驭自己的才能,要耐得寂寞,这在眼下非常重要。……
>
> 他曾对我说:"历史可能有这样的误会,才华横溢的人也许终生默默无闻,一些不学无术的笨伯反而能煊赫一时,而且显得像煞有介事似的。"
>
> 我说:"对一个人最后的公正定论也许只有等到了上帝那里才能做出。在天堂的筵席上,上帝款待诗人时,紧挨着他、坐在荷马前面的竟是一位田纳西的皮鞋匠。"我想起了马

① 原文见孙志鸣:《诗田里的一位辛勤耕耘者——我所了解的查良铮先生》,载《一个民族已经起来》,第189—190页。

克·吐温的一篇小说。

苦笑。沉默了片刻之后，先生拿出他刚译好的奥登的《诱惑之三》，边读边讲：

> 于是他对命运鞠躬，而且很亨通，
> 不久就成了一切人之主；
> 可是，颤栗在秋夜的梦魇中
>
> 他看见：从倾圮的长廊慢慢走来
> 一个影子，貌似他，而又被曲扭，
> 它哭泣，变得高大，而且厉声诅咒。

面对这样一个尴尬的场面，一种残酷的影射，我们还能说些什么呢？

哦，差点儿忘了。翻开《英国现代诗选》一看。题目“诱惑”没有错，页码也没有错，倒是目录上写的是“诱惑之二”，因为书中的内容（见第148页），前面只有“诱惑之一”，其下应当是“诱惑之二”才是。

其实，对于一个诗人，或翻译家来说，诱惑之几，又有什么关系呢？

也就是孙志鸣，这同一位青年朋友，在穆旦去世的那一年，发表了《我所了解的诗人穆旦》，其中谈到查良铮如何认识当时的翻译和评价自己的翻译（他一直称查良铮为“先生”）。

> 先生在诗歌翻译上主张神似，他表示在以后的翻译中要更“破格”。他不满意当时已经出版的《唐璜》中译本，认为没有把原著的俏皮译出来，所以读了感受不到原著的美。……他

译完了艾略特的《荒原》后,借给我的却是一册解放前出版的赵萝蕤的译本。他解释说:"你还看看这个吧,我译不过她。"①

这让我们思考一个问题:为何诗人没有对自己创作的诗歌表现出这样的谦虚和反思,唯独对于翻译是如此苛刻?

也许,从中可以逼近诗歌翻译的本质,以及翻译和创作的差异。

① 孙志鸣:《我所了解的诗人穆旦》,载《黄河》,1997年,第5期,152页。

第四章 诗歌自译与双语写作

穆旦，中国新诗运动中九叶诗派的中坚，20 世纪世界桂冠诗人中唯一入选的中国诗人，以穆旦的名义，一生创作了 160 多首诗，震惊中外诗坛。他又以查良铮的真名，翻译了拜伦、雪莱、济慈等英国浪漫派诗人的诗作和普希金、丘特切夫等俄罗斯经典作家的诗作，共数十部。此外，他还翻译了英国现代诗选一部和用俄语撰写的文艺理论著作多部。然而，人们却很少注意到，在穆旦创作的诗歌中，有一个异常的情况，那就是他在创作和翻译之余，自译了自己创作的部分诗作。这是一笔宝贵的财富，也是我们当下正要研究的一个题目。

第一节 诗歌自译、创作与修改

查阅《穆旦诗文集》第一卷（诗），人民文学出版社 2006 年版，我们发现其中有十二首诗是有自译的英文稿的，标有"原诗作者英文自译"字样，可以列出一个自译篇目表：

1. 我 Myself（探险队）
2. 春 Spring（穆旦诗集（1939—1945））

3. 诗八首 Poems(穆旦诗集(1939—1945))

4. 出发 Into Battle(穆旦诗集(1939—1945))

5. 诗 Poems (穆旦诗集(1939—1945))

6. 成熟 Maturity (穆旦诗集(1939—1945))

7. 旗 Flag(穆旦诗集(1939—1945))

8. 饥饿的中国 Hungry China (集外诗存)

9. 隐现 Revelation(集外诗存)

10. 暴力 Violence(集外诗存)

11. 我歌颂肉体 I Sing of Flesh(集外诗存)

12. 甘地之死 Upon Death of Mahatma Gandhi(集外诗存)

这些英文诗,分布在不同的诗集中。这里先要说明一下穆旦诗集的问题。

穆旦在解放以前,曾自费出版过三本个人诗集,其时间顺序如下:

1.《探险队》(1945 年)

2.《穆旦诗集》(1939—1945)(1947 年)

3.《旗》(1948 年)

后来,解放后,在穆旦去世以后,乃有:

1.《穆旦诗全集》,中国文学出版社,1996 年

2.《穆旦译文集》(八卷本),人民文学出版社,2005 年

3.《穆旦诗文集》(两卷本),人民文学出版社,2006 年

显然,以上的自译诗,分布在《探险队》和《穆旦诗集》(1939—

1945)中,而其他的英文诗,则散见于所谓的《穆旦诗存》中了。也就是说,其1948年以后所写的诗,没有再自译为英文的了。而有他自译的英文诗的最后记录,如果是准确的话,应当是留美期间翻译《饥饿的中国》一诗,其时间当在1951至1952年之间。也就是说,回国以后,穆旦的诗没有再自译过的了。

总括以上的自译情况,我们发现有以下几个值得注意的问题:

1. 穆旦的自译诗,分布在不同的时期,但其诗歌创作的时间(即有英语诗的汉语诗的创作时间),其发表时间,集中在1942年到1948年之间,属于创作的中期。可能在一个特定的时间里,穆旦意识到英诗的重要,因而有意为之,但到了出国前夕,则停顿下来。至于在美国翻译《饥饿的中国》(与《诗八首》的第八首一起发表于*A Little Treasure of World Poetry*, 1952)是一个特殊的需要,也不足为怪。

2. 他所注重的篇目,大约是诗人最看重的,与时下所精选的一些代表作篇目有些不同(文后的《中国新诗》所选10首可以参考)。例如,《春》(较早创作的反映青春的有现代派诗风的短诗)、《诗八首》(深奥的哲理爱情诗,许多人认为是其代表作)、《旗》(关于欧战胜利纪念的短诗)、《隐现》(有强烈宗教主题的诗)、《甘地之死》(特殊的国际题材,而且穆旦在缅甸之战后曾撤退到印度)、《我歌颂肉体》(惠特曼主题,容易找到英文诗作为起点),等等。

3. 在这些自译诗中,潜藏着诗人自己对自己诗歌的独特理解,在很大程度上也不同于其他译者的理解,而且很可能隐藏着穆旦诗歌创作与翻译的奥秘机制。对于这些英文诗歌的研究,以及与汉语诗的对比研究,还有穆旦自译与他人所译的穆旦诗(称为"他译")的比较,乃构成我们这里研究的课题。

第一首值得注意的自译诗是《我》(Myself)：

从子宫割裂，失去了温暖，
是残缺的部分渴望着救援，
永远是自己，锁在荒野里，
从静止的梦离开了群体，
痛感到时流，没有什么抓住，
不断的回忆带不回自己，

遇见部分时在一起哭喊，
是初恋的狂喜，想冲出藩篱，
伸出双手来抱住了自己

幻化的形象，是更深的绝望，
永远是自己，锁在荒野里，
仇恨着母亲给分出了梦境。

穆旦自译文：

Myself

Split from the womb, no more in warmth,
An incomplete part am I, yearning for help,
Forever myself, locked in the vast field,

Separated from the body of Many, out of a still dream,
I ache in the flow of Time, catching hold of nothing,
Incessant recollections do not bring back me.

Meeting a part of me we cry together,
The mad joy of first love, but breaking out of prison,
I stretch both hands only to embrace

An image in my heart, which is deeper despair,
Forever myself, locked in the vast field,
Hate mother for separating me from the dream.

朱墨译文：

I

Out of womb and warmth,
The wane part is thirsty for help;
I'm forever myself, locked in the wilds.

From the static dream I leave the group,
Feeling that current of time, nothing to grasp;
Constant recall brings back no self,

As one part meets another, and cry together,
Joy of virgin love cries out for a breakthrough;
Stretching out one's arms only to embrace oneself,

An illusive image, in a deeper despair;
Forever is the self locked in wilds,
Hating that mother departs from dream.

比较一下这两种译文非常有意思。这里不仅有理解性的，也有表达性的差异。

1. 大体的印象是穆旦的译文比较曲折晦涩，而朱墨的译文简易流畅。除了用词和句法的不同之外（第一节就可以看出风格的差异），一个十分重要的因素是章法上的。自译在第二节结束时用了一个句号，使一二节、三四节之间的连接不太紧密。而朱墨的译文在各节内部使用分号，表示层次的区分，而句号出现在第一节的结束。也就是说，朱墨理解第一节是全诗的主题和序幕，可相对独立。

2. 在主题的理解上，朱墨和穆旦有差异。朱墨把全诗理解为是个体和群体的差异（I leave the group，第二节），而自身是无数个体的集合体（As one part meets another, and cry together，第三节），而穆旦把部分视作作为整体（母子一体 we）的不完整（An incomplete part am I，第一节），这样，"遇见部分时在一起哭喊"（Meeting a part of me we cry together，第三节），就有了不同的理解和意义。

3. 可能由于诗人自己对自己的作品有一种随意处置的权利吧，穆旦在译文的有些地方做了重要的修改或改写。在第三节和第四节的交接处，尤其是在"幻化的形象"的处理上，穆旦用了 An image in my heart（我心中的形象）的特殊处理，深化了主题，并且加深了"更深的绝望"的内涵。请注意这些相关部分的译文及对照效果：

> 是初恋的狂喜，想冲出藩篱，
> 伸出双手来抱住了自己
>
> 幻化的形象，是更深的绝望，

穆旦自译文：

The mad joy of first love, but breaking out of prison,
I stretch both hands only to embrace
An image in my heart, which is deeper despair,

朱墨译文：

Joy of virgin love cries out for a breakthrough;
Stretching out one's arms only to embrace oneself,

An illusive image, in a deeper despair;

《春》是穆旦最重要的作品之一，写于1942年2月。最初发表在《贵州日报》上，后来，在1947年3月发表于《大公报》时，诗人做了重大的修改，主要是把原文集中在女郎身上的意象抽离出来，让“花朵”和“他”与“园”连接起来，成为春的象征性表达（但在改变了“它”之后，仍然保留了“他”的无着落，或硬性地介入）。为了便于理解一首现代诗的创作和修改过程，这里把两个版本按照顺序排列如下（黑体是被修改掉的部分），供研究和参考：

【原始稿】

春

绿色的火焰在草上摇曳，

它渴求着拥抱你，花朵。
一团花朵挣出了土地，
当暖风吹来烦恼，或者欢乐。
如果你是女郎，把脸仰起，
看你鲜红的欲望多么美丽。

蓝天下，为关紧的世界迷惑着
是一株廿岁的燃烧的肉体，
一如那泥土做成的鸟底歌，
你们是火焰卷曲又卷曲。
呵，光，影，声，色，都已经赤裸，
痛苦着，等待伸入新的组合。

【修改稿】

春

绿色的火焰在草上摇曳，
他渴求着拥抱你，花朵。
反抗着土地，花朵伸出来，
当暖风吹来烦恼，或者欢乐。
如果你是醒了，推开窗子，
看这满园的欲望多么美丽。

蓝天下，为永远的谜迷惑着的
是我们二十岁的紧闭的肉体，

一如那泥土做成的鸟的歌，
你们被点燃，却无处归依。
呵，光，影，声，色，都已经赤裸，
痛苦着，等待伸入新的组合。

【穆旦自译稿】

Spring

In the grass the green flames flicker,
Mad to embrace you, flower.
And spite of covering ground, the flowers shoot
To the warm wind, for either joy or distress.
If you have awakened, push open the window,
See how beautifully spread the desires of the garden.

Under the blue sky, puzzled by an eternal Riddle,
Stirs our thick closed body of twenty years;
Which, enkindled like the bird's chirping, made of
the same clay,
Burns and finds nowhere to settle.
Ah, light, shade, sound and color, all stripped naked,
Painfully wait, to merge into a renewed combination.

穆旦的自译文，有一些十分大胆而果断的地方，在现在的改定了的汉语诗中不太容易理解。例如，第一个句子，用了 Mad to embrace you，其逻辑主语是 green flakes。这样，原文的“它”比较容易理解，而修改后的“他”，虽然加强了人称性别的对比，倒是难以理解了。第二句中直接以“花朵”为中心进行动作布置，“the flowers shoot/To the warm wind”（花朵伸向暖风），与前后的状语，构成和谐的整体，打破了字面的“当暖风吹来烦恼，或者欢乐”的束缚，使这一节诗扑朔迷离。

第二节译文，比原文更加清晰，也更加扑朔迷离。“puzzled by an eternal Riddle,/Stirs our thick closed body of twenty years”；大写的 Riddle，隐藏着玄机，而奇异的 thick 用词，使得英语美不胜收。“Which, enkindled like the bird's chirping, made of the same clay,/Burns and finds nowhere to settle.”那隐藏的主语，显然是“我们的……肉体”，鸟叫（the bird's chirping）代表“歌”，泥土前加“同样的”（the same clay），表示所有生命来自泥土，特别是那“落脚，安家”（settle），来译无处“归依”，堪称妙译。

下面是庞秉钧的译文，可供参考①：

Spring

Green flame flickers across the grass,
Aches to embrace you, flower.
Struggling from soil,
Flowers stretch
As warm breezes bring sorrow, or joy.
If you're awake, push open the window,
See how lovely are the desires that fill the garden.

---

① 见《中国现代诗一百首》，庞秉钧等编译，中国对外翻译出版公司，1993 年，第 139 页。

Under blue sky, bewitched by eternal mysteries,
Our bodies lie tightly-clasped, twenty years old,
Like ceramic birdsongs;
You are enflamed, curling again and again,
But unable to find a final destination.
O, light, shade, sound, hue—all are stripped naked,
Enduring pain, waiting to enter new combinations.

相对于穆旦的自译，庞译也有一些值得注意之处：

1. “Green flame flickers across the grass”有“绿色的火焰从草上舔过”之嫌，而不是穆旦自译中的“火焰就在草中”。

2. “Like ceramic birdsongs”由于结构过于紧，有不能舒展从容地转换之嫌，致使语义理解困难。

3. “You are enflamed, curling again and again, /But unable to find a final destination.”在版本上有点特殊：“你们被点燃，卷曲又卷曲，却无处归依。”介于原稿和修改稿之间。还有“But unable to find a final destination”，其实，按照现代派诗歌的理解，“最后的归依”是不大可能的。

4. 由于版本的原因，但主要是诗句排列的原因，庞译每一节多出一行，为七行诗节。

5. 在文字上，庞译的“Aches to embrace you”（痛苦地渴望拥抱你）和“Struggling from soil”（从土中挣扎而出），都极具表现力，不逊于诗人的自译。

第二节　灰色地带：可能的双语写作

穆旦的青年时期正当战争年代，1945 年 5 月 9 日，是欧战胜利日，穆旦写了《欧战纪念日》，同月，他写了纪念欧战胜利的《旗》。后来，发表在1947年6月7日的《益世报》上。我们知道，这首诗还有一个英文版本*Flag*，也是出自诗人的手笔。我们这里先列出它的英文本，然后再看中文版，将二者加以对照。

Flag

Underneath are we all, while you flutter in the sky,
Stretching your body with the wind, with the sun journeying.
What longing away from earth, though held tight to the ground.

You are the word written above, well-known by all,
Simple and clear, yet boundless and formless;
You are the soul living of heroes long past.

Though tiny, your are the impetus of war,
And when war is over, you are the only perfection.
To ashes we turn, but the glory in you remains.

Ever responsible, you baffle us sometimes.
The rich and powerful flew you once and made you to explain,
And behind you, gained peace of the population.

For you are the heart of hearts. But wiser than all:

For you are the…
Light with the dawn, with the night suffering,
You speak best of the joys of freedom.

And the storm, who signals its approach but you!
For you are the direction, pointing us to victory.
You are what we value most, now in the hands of the people.

我们不妨做一个实验，就是把这首英文诗来一个回译，让它以中文的形态出现，看看会是一个什么样子：

旗

我们都在下方，你在高空飘扬，
风儿将你展开，太阳与你同行。
本想飞上天空，只因大地不放松。

你是大话天上，人人心如明镜，
简单而清楚，无限而无形；
你是早已死去的英雄的魂灵。

虽然尺幅不大，你是战争的动力，
战争一旦结束，你是唯一的完美。
我们化为灰烬，光荣归你留存。

从来肯负责任，偶尔令人费解。

权贵一时得你，让你费心解释，
而在你的身后，取得大众的和平。

你是心灵的心灵，但比大家聪明：
你是，你是破晓的光明，经过夜间苦痛，
你将自由的欢欣讲得最妙。
风暴来临，还有谁比你更能代表！
因为你就是方向，指引我们到胜利。
你是我们最珍贵的，如今在人民的手中。

（朱墨回译）

虽然这也是一首可观的现代诗，但毕竟不是原作。在原作与译作之间，甚至有一些显著的区别。下面是穆旦的《旗》的中文版。试想一下，如果没有上面的译文，你是否会有理解上的困难？为了便于说明一些细节问题，我们按照汉语诗的顺序，逐节给出汉诗，并给予分析和简评。

我们都在下面，你在高空飘扬，
风是你的身体，你和太阳同行，
常想飞出物外，却为地面拉紧。

［简评］

本节不好理解的地方有两处："风是你的身体"和"常想飞出物外"。查对一下回译，一处是"风儿将你展开"，一处是"本想飞上天空"，或者直译"飞离大地"。都很明白。

是写在天上的话，大家都认识，

又简单明确，又博大无形，
是英雄们的游魂活在今日。

［简评］

整个一节没有主语，一查英文，原来主语是“你”，也就是“旗”。最后一句的主语也可以作如是观，做如是处理。

你渺小的身体是战争的动力，
战争过后，而你是唯一的完整，
我们化成灰，光荣由你留存。

［简评］

第一行，身体如何“渺小”？第二行，“而”字来得突兀。

太肯负责任，我们有时茫然，
资本家和地主拉你来解释，
用你来取得众人的和平。

［简评］

第一行的问题，在于“我们有时茫然”的原因是“太肯负责任”，但实际上，一查英文，反而是“你”——主语——“太肯负责任”，致使“我们”——使不懂的对象——有时不懂。而“资本家和地主”与英文对不住，英文是“富人和有权的人”。其他，例如，第三行也有不一致之处，恕不一一细究。

是大家的心，可是比大家聪明，
带着清晨来，随黑夜而受苦，

你最会说出自由的欢欣。

[简评]

第一句的主语应是“你”，和第二行一样，都用了“是”，作为替代，作为强调。“带着清晨来”，费解。英文原来是“你是破晓的光明”(For you are the…/Light with the dawn)。此外，这里英文的断行和重新起行，值得注意(详见下面)。

四方的风暴，由你最先感受，
是大家的方向，因你而胜利固定，
我们爱慕你，如今属于人民。

[简评]

第二行，主语“你”被省略，乃是“因你而”的存在而被省略。“我们爱慕你，如今属于人民。”有歧义，是“你”“如今属于人民”，而且为我们所爱慕，并非“我们爱慕[你如今属于人民]”。查对英文和回译便知。

最后，让我们做一些简要的评论。

1. 英语版本比中文更具体可感，表现力更强。

2. 英文语气上有感叹，层次上有分号。汉语只有逗号和句号。

3. 英文语法完整，易懂，无歧义；中文平和而中庸，常省去主语，语义含混。

4. 中英文有若干字面差异，多为各自的典型语句需要，但基本构思相同。

还有，部分的是基于以上的分析，让我们做一个基本的推测：穆旦的这首诗，应是先有英文，然后才有中文。换言之，是从英文向中文的翻译，而不像是相反。

论证之一：在英文里有一处半句成行的地方，使得第五节多出一行建制，后面有删节号。这种自然的状态，在译文里是不可能出现的，只有在初稿里，才有可能。当然，这一处与前后的信息和语法也构成连贯而不牵强：

For you are the heart of hearts.
For you are the…
Light with the dawn,

论证之二：相对于中文版本《旗》，英文 *Flag* 更富于激情、变化和表现力，而汉语将句子成分中的主语 you 常常删去，造成比较含混的表现，增加了诗的歧义性。这在现代派诗歌中是允许的、正常的。反之，则不大好理解为何两个文本之间有这样的差别。

进一步的推论：

其一，穆旦是英语语言文学专业毕业，英语很好，许多诗歌是通过英语直接学习的。这有可能激发他直接用英语写作诗歌的动机，但他又不可能，或不方便用英语发表诗作，所以只好将英语诗放下，改写或翻译成汉语诗歌，公开发表。《旗》可能只是其中的一首。（而《旗》在里尔克那里有一首诗，原文是德语，可能对穆旦那时的创作有直接影响）

其二，但这并不是说，穆旦的十几首英汉均有的诗都是先有英语后有汉语的。但是又不能忽略这样一种可能：只是因为他在国内以汉语诗的发表而出名，人们想当然地认为他必然是汉语诗人，英语诗只是他翻译出来的，没有发表的，而且是次要的，甚至并不一定代表穆旦的诗歌和翻译水平。

其三，就这首诗的情况而言，我们有理由认为：穆旦的英语诗和汉语诗一样好，他完全具备用汉语创作和用英语创作的双重能力，而不一定只能从事汉译英，也就是说，他不一定先有汉语诗才能翻译成英文诗。事实上，他一生从事的英译汉要远远大于汉译英。

其四，在有些时候，也有为了发表而将汉诗自译为英文的情况。例如，在《饥饿的中国》的情况下，根据穆旦夫人周与良的回忆，穆旦是在美国，将在中国原来发表的汉语诗《饥饿的中国》（发表于 1948 年 1 月出国前《文学杂志》第二卷第八期）翻译为英文，在国外发表。“这里收录的 Hungry China 共 6 章，系作者于 1951—1952 年在美国留学期间根据自己诗作译为英文的。”①

其五，在大多数情况下，由于没有详细的记载，我们无法得知每一首诗具体的翻译情况，也不知道是先有汉语还是先有英语。而且只从文本上，也看不出两个版本的差别，或者无法说明哪一个更好。但是，翻阅穆旦诗集，我们并不缺乏精彩的诗节，给我们以信心，让我们确信，在有些情况下，穆旦很可能是双语同时创作。

属于这种情况的，大约有如下的诗篇：

1. 诗 Poems（穆旦诗集（1939—1945））
2. 隐现 Revelation（集外诗存）
3. 暴力 Violence（集外诗存）
4. 我歌颂肉体 I Sing of Flesh（集外诗存）

例如，写于 1943 年的《诗》（Poems），其英文和中文，都达到了相当的流畅和达意，而且各具特色，同样精彩，很难说哪一个更好，或者哪一个是原本，哪一个是译本。这里我们找出两个诗节，

① 《穆旦诗文集》（第 1 卷），人民文学出版社，2006 年，第 237 页。

分别是第一首和第二首的最后一个诗节：

> 这一片地区就是文明的社会
> 所开辟的。呵，这一片繁华
> 虽然给年轻的血液充满野心，
> 在它的栋梁间却吹着疲倦的冷风！

> Here is the garden our civilized society
> Has cultivated. Here its prosperity!
> At the entrance the young are filled with ambition,
> But what weary winds whisper among its pillars!

> 人子呵，弃绝了一个又一个谎，
> 你就弃绝了欢乐；还有什么
> 更能使你留恋的，除了走去
> 向着一片荒凉，和悲剧的命运！

> Son of Man, rejecting one lie after another,
> You are rejecting everything. What else
> Could have detained you, except to go
> To the fate of tragedy, in a desolate land.

在诗人自己提供的汉英对照的诗作中，有一些可以发现明显的差异，主要是文化上的差异在翻译中的体现，即便是局部的，也给人以深刻的印象。例如，写于 1948 年 2 月 4 日的《甘地之死》，曾发表于 1948 年 2 月 22 日的《大公报》（天津版），又见《中国新诗》第一辑（1948 年 6 月）。

第一节：

不用卫队，特务，或者黑色
的枪口，保卫你和人共有的光荣，
人民的父亲，不用厚的墙壁，
把你的心隔绝像一座皇宫，

No use for garrison, secret service, or the black
Muzzle, to protect the glory you share with others.
Bapu of the people, no use of turreted walls
To envelop your heart like a Kremlin Palace.

值得注意的是一些选择很讲究的词语：

1. garrison 卫队，卫戍部队
2. secret service 秘密警察
3. the black muzzle 黑色的枪口，动物套口
4. Bapu 伟大的灵魂，圣人（印度）
5. turreted walls 有炮塔的城墙
6. a Kremlin Palace 克里姆林宫（俄罗斯）

最后一节：

恒河的水呵，接受它复归于一的灰烬，
甘地已经死了，虽然没有人死得这样少：
留下一片凝固的风景，一隅蓝天，阿门。

Holy water of the Gange, receive the ashes back to

One,

　　For Gandhi is dead, though no one has died so little:

　　Leaving behind a landscape, a corner of the blue sky, an Amen.

有关宗教的词语如下：

1. Holy 神圣的

2. One 一(神，或可指梵天)

3. Amen 阿门(祈祷结束用语，赞美语；古语，表示真实)

这些词语构成一个语义场，为塑造与圣雄甘地相关的文化氛围，包括政治氛围和宗教氛围，做了最好的语言准备。可见，这是在有充分准备的条件下进行的英语诗歌创作(很可能来源于英文的有关资料的阅读)，而不是为了英译一首诗可以做得到的。或许，从中也可以窥见诗人良苦的用心——尤其是《甘地之死》作为诗人有双语对照的最后一首诗。

有些差异并不是文化的，而是语义的。这就给人一种可能的理解：要么，穆旦是在双语创作中针对各自的语言，各得其所，互有发挥；要么，就是在原作经过一段时间以后，进行翻译时发现有重大的修改余地，于是修改了，提高了。这后一种情况，应和了自译理论上“延迟自译”(Delayed Self-translation)的理论，而前一种情况，则不符合即时自译(Simultaneous Self-translation)的理论。因为按照即时自译的理论，译文和原文应当没有什么重要的差别才行。不过，这里，我们尝试采用双语写作(bilingual writing)的理论，来说明诗作过程中各自发挥语言特长而又能激发诗性的双语创作机制。

在写于1942年2月，后来改作《出发》(*Into Battle*)的《诗》(*Poems*)里，我们发现有一节奇异的诗节，即第二节：汉语和英语有重大的差异，而且并非文化上的，而是语义上的。让我们先分别列出这一节的中英文版本。

告诉我们这是新的美。因为
我们吻过的已经失去了自由；
好的日子去了，可是接近未来，
给我们失望和希望，给我们死，
因为那死的制造必需摧毁。

And tell us to appreciate it. Suddenly we know
The flower we kissed is ours no more.
Gone are the old days, but nearer to future;
Give us vision and revision, give us death,
To destroy the work of death we venture.

汉语回译的结果如下：

告诉我们如何去欣赏它。我们忽然得知
我们曾经吻过的花朵已经不属于我们。
昔日已经过去，可是接近未来；
给我们视点和视点的改变，给我们死，
那制作死的机制我们必须努力去摧毁。

几个重要的改变被发现了：

1. 在汉语中是“新的美”，让人想起叶芝的名句（一种可怕的美已经诞生），而英语只是“欣赏”；

2. 汉语诗隐去了“花朵”，也许在中国文化中是比较敏感的意象，使语义抽象多了；

3. 把“过去的日子”说成是“好的日子”，更加符合汉民族怀旧的心理意向；

4. 相对于“失望和希望”，那“视点和视点的改变”（并非严格的字面翻译）要深刻得多。

也许是由于以上的原因，在英语诗里不能流行的，甚至未曾被知晓和重视的，在汉语诗里成为名句——即便是出于同一位杰出诗人之手！《出发》的最后一节，英文是这样的：

O Lord, who trap us thus in the hold of Present,
Along dog-teeth tunnel we march, groping
To and fro. Let us take as one truth
Your contradictions. O let us be patient,
You who endow us with fulfillment, and its agonies.

细心的读者也许会注意到，这样的英语也是有特点的。为了强调而随意地大写 Present 姑且不论，“犬牙交错”本是一个汉语成语，而加上“甬道”，在英语中就有意思了。Your contradictions（你的重重矛盾）则成为“你句句的紊乱”，与“真理”对应，真的显出矛盾或紊乱了。最有趣的就是“丰富，和丰富的痛苦”，那经常被引用的穆旦的名言，实际上来源于一个十分普通的英语词语：fulfillment, and its agonies（履行，及其痛苦）。

综合的效果，还要看汉语诗歌本身：

就把我们囚进现在，呵上帝！
在犬牙交错的甬道中让我们反复
行进，让我们相信你句句的紊乱
是一个真理。而我们是皈依的，

你给我们丰富，和丰富的痛苦。

需要指出的是，“把我们囚进现在”那句奇特的汉语，掉到首行句末特殊位置上的“呵上帝！”那强烈的呼唤，以及倒数最后一行结束时“而我们是皈依的”（O let us be patient，“哦，让我们耐心等待吧”）那样一些宗教性的词语，大大地加强了这一节诗的宗教氛围。也就是说，汉语运用对上帝与宗教的逆反心理，大大地加深了真理的悖论感。这是聪明的穆旦所能想到的，或者利用英语和汉语的差距所能够做到的。

结语：

穆旦的自译诗，只是诗人一个特定时期的自我观照的诗歌活动，但仍然可以看出穆旦独特的鉴赏眼光，当然，其中也有一些偶然的因素，选译了一些代表性不强的作品。而其他译者的选择，则有相当的个人原因和爱好因素（例如王佐良选译了不少穆旦的早期诗作），但也有集中在几首代表作里的倾向，在一定程度上与诗歌史的选择相一致。

就诗人自己的诗歌自我观照活动而言，大体上有三种情况：

第一是汉译英自译。大约是出于特殊的需要，例如《饥饿的中国》和《诗八首》中的第八首的翻译，为了在国外直接发表；还有就是有感而发的时候，把自己的个别喜爱的诗译成英语，反复珍玩，但苦于没有机会用英文再发表。

第二是英译汉自译。在一些英文资料准备比较凑手的时候，例如《甘地之死》和《我歌颂肉体》，诗人有可能先用英文写作，然后再翻译成中文诗，而这里就有“中庸法”和“陌生化”两种手段在同时起作用。

第三是双语写作。有时候，或有些诗篇，诗人先用一种语言创作，然后又用另一种语言创作，然后又反复地对照和修改，以至于我们已经很难辨认究竟哪一种语言在先，或者翻译为何种语言才是译本。我们把这种情况称为“双语写作”。

综上所述，穆旦由于自译和翻译他人作品，与自己的诗歌创作和修改结下了不解之缘，甚至进入双语写作的即兴状态。

附　录

一、查良铮生平年谱

1918 年　1 岁

4 月 5 日，查良铮（穆旦）生于天津市西北角老城内恒德里 3 号。查家是望族，祖籍浙江省海宁县袁化镇。

1923 年　5 岁

9 月，入天津市北马路 573 号城隍庙小学读书。

1924 年　6 岁

读小学三年级，发表《不是这样的讲》，载天津《妇女日报·儿童花园》。

1929 年　11 岁

9 月，考入天津南开学校。初步显露文学才能，具有反传统和抵制日货的进步倾向。

1934 年　16 岁

开始在《南开高中生》上发表一些文学作品，包括散文和诗歌。5 月发表的散文诗《梦》，开始署名“穆旦”。

1935 年　17 岁

7 月，毕业于南开学校高中部。

9 月，以优异成绩同时被三所大学录取，自选入清华大学外文系。

1936 年　18 岁

11 月，发表诗作《更夫》，载《清华周刊》，署名“慕旦”。

1937 年　19 岁

1 月，发表诗作《玫瑰的故事》和《古墙》。

7 月，抗战爆发。

10 月，作为护校队员，随清华大学南迁长沙。

11 月，作诗《野兽》，后列入诗人第一部诗集《探险队》首篇。

1938 年　20 岁

2—4 月，随北京大学、清华大学、南开大学由长沙西迁昆明，组成西南联大。途中写下组诗《三千里步行》，后发表于重庆《大公报》。

6 月、8 月，分别作诗《我看》《园》等。

1939 年　21 岁

在西南联大外文系学习，受教于燕卜荪等诗歌名家，系统接触西方现代派诗歌，受艾略特、奥登等诗人影响甚大。

作诗《合唱二章》（2 月）、《防空洞里的抒情诗》（4 月）、《从空虚到充实》（9 月）、《童年》（10 月）、《祭》等。

1940 年　22 岁

8 月，毕业于西南联大外文系，留校任助教。参加“南荒社”“冬青社”等进步学生文艺社团活动。发表诗评《他死在第二次》《慰劳信集——从〈鱼目集〉说起》，评论艾青和卞之琳的诗歌创作。

作诗《蛇的诱惑》（2 月）、《漫漫长夜》（4 月）、《在旷野上》（8 月）、《悲观论者的自画像》《窗——寄后方某女士》《不幸的人们》（9 月）、《还原作用》《我》《五月》《智慧的来临》（11 月）。

1941 年　23 岁

作诗《潮汐》（1 月）、《在寒冷的腊月的夜里》（2 月）、《夜晚的告别》《我向自己说》《鼠穴》（3 月）、《华参先生的疲倦》《中国在哪里》(4 月)、《小镇一日》《哀悼》(7 月)、《神魔之争》(8 月)、《摇篮歌》(10 月)、《控诉》(11 月)、《赞美》《黄昏》《洗衣妇》《报贩》(12 月)等。

1942 年　24 岁

年初,支持创办西南联大"文聚社",出版文艺刊物《文聚》。

2 月,参加中国远征军,任(杜聿明将军)司令部随军翻译,后入罗佑伦将军的二〇七师,出征缅甸抗日前线。

5—9 月,亲历野人山战役,九死一生,终生难忘,后写诗以纪念。

作诗《春底降临》(1 月)、《诗八首》《诗》《出发》《寄后方的朋友》(2 月)、《诗三章》(3 月)、《阻滞的路》(8 月)、《自然底梦》(11 月)、《幻想的乘客》(12 月)等。

1943 年　25 岁

年初,在印度加尔各答养病,与时任中国驻印军训练中心翻译的杜运燮相遇。

后撤回国内,颠沛于昆明、重庆、贵阳、桂林等地,先后在中国航空公司、重庆新闻学院、西南航空公司等处做翻译、学员或雇员,时而失业,生活困顿。

作诗《祈神二章》(3 月)、《诗二章》(4 月)等。

9 月,诗人闻一多选编《现代诗钞》,收入穆旦的《诗八首》《出发》《还原作用》《幻想的乘客》。

1944 年　26 岁

作诗《赠别二章》《裂纹》(6 月)、《寄》(8 月)、《活下去》(9 月)等。

1945 年　27 岁

第一部诗集《探险队》由昆明文聚社出版,收入《野兽》等 25 首诗作。

年初,到贵阳,在航空公司任职,业余写诗。

8 月,日本投降。

9月，作诗《森林之歌——祭野人山死难的兵士》，次年发表于《文艺复兴》第一卷第六期（1946年7月），后改为《森林之魅——祭胡康河上的白骨》，收入《穆旦诗集》（1939—1945）。

10月，到沈阳筹办《新报》。

作诗《线上》《被围者》（2月）、《甘地》《退伍》《忆》《海恋》《春天和蜜蜂》（4月）、《旗》《流吧，长江的水》《风沙行》《给战士——欧战胜利日》（5月），以及《野外演习》《一个战士需要温柔的时候》《七七》《先导》《农民兵》《打出去》《反攻基地》《奉献》《通货膨胀》《良心颂》《轰炸东京》《苦闷的象征》（7月）等。

1946年　28岁

主要从事创办《新报》的工作，由二〇七师资助，穆旦任总编辑。该报针砭时弊，倡导民主，影响一时。

往返于沈阳北平之间，与王佐良、周珏良等相遇，并在清华结识后者之妹周与良女士。

1947年　29岁

5月，在沈阳，自费出版《穆旦诗集》（1939—1945），收入诗作67首。集后附有王佐良的评介文章《一个中国诗人》。

8月，《新报》突遭查封。

10月，考取自费留学项目，离开沈阳。

年末，经北平抵南京，在联合国世界粮农组织救济署工作小组工作。

作诗《时感四首》《他们是死了》（1月）、《荒村》《三十诞辰有感》（3月）、《隐现》《饥饿的中国》（8月），以及《我想要走》《暴力》《胜利》《牺牲》《手》《我歌唱肉体》（10月）等。

1948年　30岁

2月，个人诗集《旗》列入巴金主编的《文学丛刊》第九集，由上海文化生活出版社出版，收入新作32首。

3月，周与良女士自上海起程赴美国芝加哥大学留学，穆旦自南京抵沪送行。

入秋，随世界粮农组织救济署工作组赴泰国曼谷。

作诗《甘地之死》(2月)、《世界》《城市的舞》《诗》《绅士和淑女》(4月)、《诗四首》(8月)等。

1949年　31岁

8月底，赴美留学，在旧金山与周珏良相遇。入芝加哥大学研究生院，攻读英美文学。

12月23日，与周与良结婚。婚礼在佛罗里达州举行。

1950年　32岁

年末，获硕士学位。同时学习俄语。留学生活十分艰苦，半工半读，但成效显著。

1951年　33岁

在邮局做临时工，等待周与良完成学业一起回国。

作诗《美国怎样教育下一代》(11月)、《感恩节——可耻的债》(11月)等。

1952年　34岁

用英文节选发表《饥饿的中国》《诗八首》于《世界名诗库》(克里克主编)，纽约出版。

夏初，与周与良(获生物学博士学位)谢绝多方挽留和邀请，毅然一起回国。

1953年　35岁

1月，经深圳到广州，至上海，巴金夫妇为之洗尘。

2月，抵北京，等待分配工作。开始翻译俄语的《文学原理》。

5月，分配到南开大学外文系任副教授。

12月，译著《文学概论》和《怎样分析文学作品》由平明出版社出版。

12月8日,长子查英传诞生。

1954年　36岁

2月,译著《文学发展过程》由平明出版社出版。

4月,译著《青铜骑士》《波尔塔瓦》《高加索的俘虏》由平明出版社出版。

10月,译著《欧根·奥涅金》由平明出版社出版。

年末,南开大学"外文系事件"发生,穆旦参加远征军的历史问题重提,成为肃反对象。

1955年　37岁

5月,译著《普希金抒情诗集》由平明出版社出版。

6月,译著《文学原理》(四部)由平明出版社出版。

7月5日,次子查明传诞生。

11月,译著《加甫利颂》《拜伦抒情诗选》(署名"梁真")由平明出版社出版。

1956年　38岁

重译《奥涅金》,由文化生活出版社出版。

12月,围绕相声《买猴》发表文艺短评《不应有的标准》,载《文艺报》1956年第12期。

1957年　39岁

1月30日,长女查瑗诞生。

2月,发表长诗《葬歌》,载《诗刊》1957年第2期,表达了与旧我决裂的决心,也表现了痛苦与矛盾的心情。

5月,诗作《九十九家争鸣记》发表于5月7日《人民日报》。

7月,发表诗作《问》《诗七首》《我的叔父死了》《去学习会》《三门峡水利工程》《"也许"和"一定"》等。

下半年,反右开始。9月起,穆旦的诗歌受到批判,为《九十九家争鸣记》写了检讨,寄给《人民日报》文艺部。

8 月和 9 月，译自俄语的普希金诗歌作品和《拜伦抒情诗选》又由新文艺出版社出版。新译《布莱克诗选》（与袁可嘉合译）由人民文学出版社出版。

1958 年　40 岁

1 月，《我上了一课》在 1 月 4 日《人民日报》发表。

4 月，《济慈诗选》和雪莱诗集《云雀》由人民文学出版社出版。

6 月，译著《别林斯基论文学》由新文艺出版社出版。

7 月，《高加索的俘虏》《加甫利颂》由新文艺出版社出版。

10 月，《雪莱抒情诗选》由人民文学出版社出版。

12 月，被定为“历史反革命”，“接受机关监督”，离开他心爱的大学课堂，到南大图书馆接受监督劳动改造。

1959 年　41 岁

接受劳动改造。

1960 年　42 岁

继续劳动改造。

8 月 18 日，次女查平诞生。

1961 年　43 岁

继续劳动改造。

1962 年　44 岁

解除管制，降薪留用，在图书馆做职员，监督使用。

1963 年　45 岁

继续接受监督使用，同时写“检查材料”。

开始翻译拜伦的政治讽刺长诗《唐璜》和俄国诗人丘特切夫的抒情诗作。年底，完成《丘特切夫诗选》译稿，寄送人民文学出版社。

1964 年　46 岁

继续翻译《唐璜》。在极为困难的经济条件下，坚持赡养父母，帮助姐姐，以及资助在困难中的同学董庶和好友巫宁坤。

1965 年　47 岁

《唐璜》初译完成。

1966 年　48 岁

“文化大革命”爆发，首当其冲被抄家，批斗，关“牛棚”，劳改。幸而《唐璜》书稿基本保存下来。

1967 年　49 岁

在劳改队接受批判，被监督劳动。

1968 年　50 岁

8 月，全家七口人被扫地出门，挤在一个十七平方米的房间。

“清理阶级队伍”中，周与良被打成“特嫌”，关押半年。

1969 年　51 岁

与妻子和孩子一起被下放河北保定完县，但不在一处。不久子女返回天津。

1970 年　52 岁

因看望妻子儿女，被指为“串通消息”而遭批斗。

1971 年　53 岁

周与良返回天津，查良铮被遣送回南开大学的“五七干校”（津郊大苏庄劳改农场）劳动。

1972 年　54 岁

返回南开大学图书馆，仍“自愿打扫厕所”。恢复与萧珊等人的联系。

8 月，萧珊逝世。补译丢失的《唐璜》章节和注释，此书的初译至此已历时十一年，修改三次。

修订《拜伦抒情诗选》，增译拜伦的其他长诗。

1973 年　55 岁

4 月 29 日，查良铮夫妇会见美籍数学家、西南联大同学王宪钟。

《唐璜》译校完毕，试寄人民文学出版社。

中美关系解冻。开始翻译友人转赠的《西方当代诗选》。

1974 年　56 岁

年内，接到人民文学出版社复言："《唐璜》译文很好，现尚无条件出版，原稿社存。"

1975 年　57 岁

经诗人杜运燮介绍，结识北京东方歌舞团青年演员郭保卫，后二人多次通信并畅谈，留下了宝贵的书信二十多封。

年底，修改《奥涅金》等普希金诗歌的译稿。

恢复创作诗歌，写《苍蝇》。

1976 年　58 岁

1 月 19 日，骑自行车摔伤腿，卧床养伤，一面修订翻译作品。

12 月 19 日，得知"《唐璜》译稿在出版社，可用"。

恢复写诗，丰产。《智慧之歌》《理智与情感》(3 月)、《演出》《城市的街心》《诗》《理想》《听说我老了》(4 月)、《春》《冥想》(5 月)、《夏》《友谊》《有别》(6 月)、《自己》(7 月)、《秋》(9 月)、《停电以后》(10 月)、《冬》(12 月)等。还有《退稿信》《黑笔杆颂》等诗人生前没有发表且创作时间不详的诗作。

1977 年　59 岁

2 月 24 日，住进天津总医院准备手术。

25 日，回家换衣服，午后突发心脏病。送天津第一中心医院抢救。

26 日，凌晨三时病逝。

二、查良铮著译编目

(一)诗文集

1.《探险队》(穆旦)，1945 年 1 月，昆明文聚社出版。

2.《穆旦诗集(1938—1945)》(自选集)1947 年 5 月,沈阳(自费刊印);1996 年,中国文联出版公司重印。

3.《旗》(穆旦),1948 年 2 月,上海文化生活出版社。

4.《九叶集》(与八位诗友合集),1981 年 7 月,江苏人民出版社。

5.《八叶集》(与七位诗友合集),1984 年 11 月,香港三联书店、美国《秋水》杂志社联合出版。

6.《穆旦诗选》,1986 年 1 月,人民文学出版社。

7.《九叶派诗选》(与八位诗友合集),1992 年 2 月,人民文学出版社。

8.《穆旦诗集》(秋吉久纪夫编译),1994 年,日本土曜出版社。

9.《穆旦诗全集》(李方编),1996 年 9 月,中国文学出版社。

10.《蛇的诱惑》(曹元勇编),1997 年 4 月,珠海出版社。

11.《西南联大现代诗钞》(合集),1997 年 10 月,中国文学出版社。

12.《穆旦代表作》(梦晨编选),1999 年 10 月,华夏出版社。

13.《穆旦诗文集》(2 卷本),2006 年 4 月,人民文学出版社。

14.《穆旦精选集》,2006 年 7 月,北京燕山出版社。

(二)译著

1.《文学概论》(季摩菲耶夫著,查良铮译),1953 年 12 月,平明出版社。

2.《怎样分析文学作品》(季摩菲耶夫著,查良铮译),1953 年 12 月,平明出版社。

3.《文学发展过程》(季摩菲耶夫著,查良铮译),1954 年 2 月,平明出版社。

4.《波尔塔瓦》(普希金著,查良铮译),1954 年 4 月,平明出版社;1957 年 8 月,新文艺出版社。

5.《青铜骑士》(普希金著,查良铮译),1954 年 4 月,平明出版社。

6.《高加索的俘虏》(普希金著,查良铮译),1954 年 4 月,平明出版社;1958 年 7 月,新文艺出版社。

7.《欧根·奥涅金》(普希金著,查良铮译),1954 年 10 月,平明出版社;1957 年 9 月,新文艺出版社。
8.《普希金抒情诗集》(查良铮译),1955 年 5 月,平明出版社;1957 年 9 月,新文艺出版社。
9.《文学原理》(季摩菲耶夫著,查良铮译),1955 年 6 月,平明出版社。
10.《加甫利颂》(普希金著,查良铮译),1955 年 11 月,平明出版社;1958 年 7 月,上海新文艺出版社。
11.《拜伦抒情诗选》(梁真译),1955 年 11 月,平明出版社;1957 年 11 月,新文艺出版社。
12.《布莱克诗选》(与袁可嘉等合译),1957 年 8 月,人民文学出版社。
13.《普希金抒情诗二集》(查良铮译),1957 年 10 月,新文艺出版社。
14.《济慈诗选》(查良铮译),1958 年 4 月,人民文学出版社。
15.《云雀》(雪莱著,查良铮译),1958 年 4 月,人民文学出版社。
16.《别林斯基论文学》(查良铮译),1958 年 6 月,新文艺出版社。
17.《雪莱抒情诗选》(查良铮译),1958 年 10 月,人民文学出版社。
18.《唐璜》(拜伦著,查良铮译),1980 年 7 月,人民文学出版社。
19.《普希金抒情诗选集》(上、下)(查良铮译),1982 年 1 月,江苏人民出版社。
20.《拜伦诗选》(查良铮译),1982 年 2 月,上海译文出版社。
21.《欧根·奥涅金》(改定本)(查良铮译),1983 年 8 月,四川人民出版社。
22.《普希金叙事诗选》(查良铮译),1985 年 4 月,四川人民出版社。
23.《英国现代诗选》(查良铮译),1985 年 5 月,湖南人民出版社。
24.《丘特切夫诗选》(查良铮译),1985 年 5 月,外国文学出版社。
25.《爱的哲学》(雪莱著,查良铮译),1987 年 2 月,人民文学出版社。

26.《罗宾汉传奇》(查尔斯·维维安著，穆旦、李丽君、杜运燮译)，1998 年，中国文学出版社。

27.《穆旦译文集》(第 1—8 卷)(查良铮译)，2005 年 10 月，人民文学出版社。

主要参考书目

（按出版时间排序）

1.〔俄〕季摩菲耶夫:《文学概论》,查良铮译,上海,平明出版社,1953。

2.〔俄〕季摩菲耶夫:《怎样分析文学作品》,查良铮译,上海,平明出版社,1953。

3.〔俄〕季摩菲耶夫:《文学发展过程》,查良铮译,上海,平明出版社,1954。

4.〔俄〕普希金:《波尔塔瓦》,查良铮译,上海,平明出版社,1954。

5.〔俄〕普希金:《欧根·奥涅金》,查良铮译,上海,平明出版社,1954。

6.〔俄〕普希金:《青铜骑士》,查良铮译,上海,平明出版社,1954。

7.〔俄〕季摩菲耶夫:《文学原理》,查良铮译,上海,平明出版社,1955。

8.〔俄〕普希金:《普希金抒情诗集》,查良铮译,上海,平明出版社,1955。

9.〔俄〕普希金:《普希金抒情诗集》,查良铮译,上海,新文艺出版社,1957。

10.〔俄〕普希金:《普希金抒情诗二集》,查良铮译,上海,新文艺出版社,1957。

11.〔俄〕别列金娜(选辑):《别林斯基论文学》,梁真译,上海,新文艺出版社,1958。

12.〔英〕拜伦:《唐璜》,查良铮译,北京,人民文学出版社,1980。

13.辛笛等:《九叶集:四十年代九人诗选》,南京,江苏人民出版社,1981。

14.〔俄〕普希金:《普希金抒情诗选》(上、下),查良铮译,南京,江苏人民出版社,1982。

15.〔俄〕普希金:《欧根·奥涅金》,查良铮译,成都,四川人民出版社,1983。

16.〔俄〕普希金:《普希金叙事诗选集》,查良铮译,成都,四川文艺出版社,1985。

17.〔俄〕丘特切夫:《丘特切夫诗选》,查良铮译,北京,外国文学出版社,1985。
18. 查良铮(译):《英国现代诗选》,湖南人民出版社,1985 年。
19. 查慎行:《敬业堂诗集》,周劭标点,上海,上海古籍出版社,1986。
20. 杜运燮等(编):《一个民族已经起来》,南京,江苏人民出版社,1987。
21. 王佐良:《风格和风格的背后》,北京,人民日报出版社,1987。
22. 陈玉刚(编著):《中国翻译文学史稿》,北京,中国对外翻译出版公司,1989。
23. 钱锺书:《钱锺书论学文选》,舒展选编,广州,花城出版社,1990。
24. 马君武:《马君武集》,莫世祥编,武汉,华中师范大学出版社,1991。
25. 柳无忌:《苏曼殊传》,北京,三联书店,1992。
26. 庞秉钧等(编译):《中国现代诗一百首》,北京,中国对外翻译出版公司,1993。
27. 王佐良(主编):《英国诗选》,上海,上海译文出版社,1993。
28. 穆旦:《穆旦诗全集》,李方编,北京,中国文学出版社,1996。
29. 穆旦:《蛇的诱惑》,曹元勇编,珠海,珠海出版社,1997。
30. 杜运燮等(编):《丰富和丰富的痛苦》,北京,北京师范大学出版社,1997。
31. 王佐良:《英国诗史》,南京,译林出版社,1997。
32. 穆旦:《穆旦代表作》,梦晨编选,北京,华夏出版社,1999。
33. 孙绳武、卢永福(主编):《普希金与我》,北京,人民文学出版社,1999。
34. 谢天振:《译介学》,上海,上海外语教育出版社,1999。
35.〔俄〕普希金:《普希金诗选》,查良铮译,南京,译林出版社,2000。
36.〔英〕桑德斯:《牛津简明英国文学史》(修订本),顾启楠等译,北京,人民文学出版社,2000。
37. 曾思艺:《丘特切夫诗歌研究》,长沙,湖南文艺出版社,2000。
38. 张铁夫(主编):《普希金与中国》,长沙,岳麓出版社,2000。
39.〔俄〕普希金:《普希金诗选》,卢永选编,北京,人民文学出版社,2003。
40. 梁宗岱:《诗与真·诗与真二集》,北京,外国文学出版社,1984。
41. 刘文飞:《文学魔方:二十世纪的俄罗斯文学》,北京,中国社会科学出版社,2004。
42. 陈伯良:《穆旦传》,杭州,浙江人民出版社,2004。
43. 董洪川:《"荒原"之风:T. S. 艾略特在中国》,北京,北京大学出版社,

2004。
44. 王宏印:《穆旦诗英译与解析》,石家庄,河北教育出版社,2004。
45. 穆旦:《穆旦译文集》(第18卷),北京,人民文学出版社,2005。
46. 穆旦:《穆旦诗文集》(第12卷),北京,人民文学出版社,2006。
47. 穆旦:《穆旦精选集》,北京,燕山出版社,2006。
48. 陈伯良:《穆旦传》,北京,世界知识出版社,2006。
49. 高秀芹、徐立钱:《穆旦:苦难与忧思铸就的诗魂》,北京,文津出版社,2007。
50. 张建华:《俄国知识分子思想史导论》,北京,商务印书馆,2008。
51. 廖七一:《中国近代翻译思想的嬗变》,天津,南开大学出版社,2010。
52. 〔英〕拜伦:《拜伦诗选》,杨德豫译,北京,外语教学与研究出版社,2011。
53. 穆旦:《穆旦作品新编》,李怡编,北京,人民文学出版社,2011。
54. 张旭:《中国英诗汉译史论》,长沙,湖南人民出版社,2011。
55. 易彬:《穆旦评传》,南京,南京大学出版社,2012。